U0520545

蠹鱼书坊出品

蠹鱼文丛

# 學林掌録

谢泳 著

浙江古籍出版社

蠹鱼文丛

策划组稿:夏春锦
　　　　　周音莹
篆　　刻:寿勤泽

谢泳 著

# 学林掌录

浙江古籍出版社

图书在版编目(CIP)数据

学林掌录 / 谢泳著. — 杭州：浙江古籍出版社，2020.12
（蠹鱼文丛）
ISBN 978-7-5540-1839-2

Ⅰ.①学… Ⅱ.①谢… Ⅲ.①社会科学—文集
Ⅳ.①C53

中国版本图书馆CIP数据核字（2020）第207393号

# 学林掌录

谢 泳 著

| | |
|---|---|
| **出版发行** | 浙江古籍出版社 |
| | （杭州市体育场路347号 邮编：310006） |
| **网　　址** | http://zjgj.zjcbcm.com |
| **责任编辑** | 刘成军 |
| **文字编辑** | 石　梅 |
| **整体装帧** | 吴思璐 |
| **责任校对** | 吴颖胤 |
| **责任印务** | 楼浩凯 |
| **照　　排** | 浙江时代出版服务有限公司 |
| **印　　刷** | 绍兴市越生彩印有限公司 |
| **开　　本** | 787 mm × 1092 mm　1/32 |
| **印　　张** | 8.875　　插　页　6 |
| **字　　数** | 162千字 |
| **版　　次** | 2020年12月第1版 |
| **印　　次** | 2020年12月第1次印刷 |
| **书　　号** | ISBN 978-7-5540-1839-2 |
| **定　　价** | 45.00元 |

如发现印装质量问题，影响阅读，请与市场营销部联系调换。

二十世纪五十年代部分油印诗集

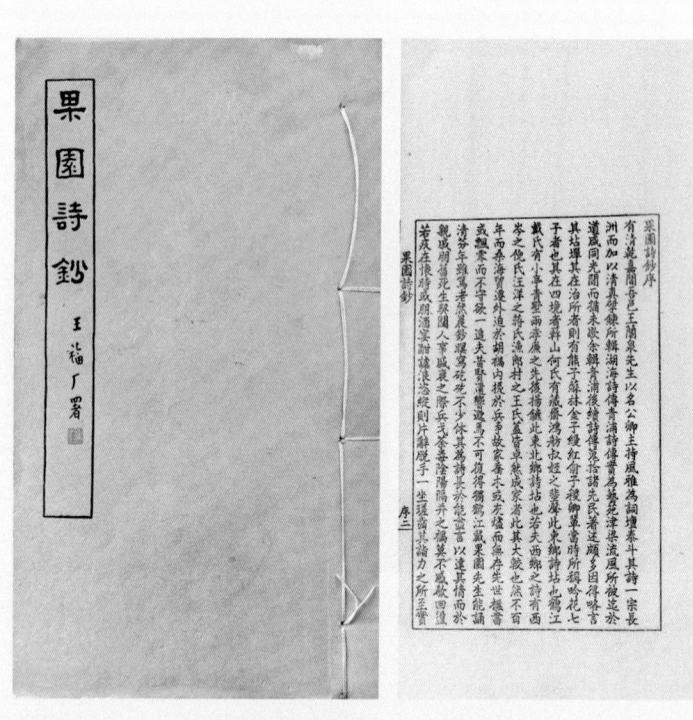

戴克宽《果园诗钞》封面和内文

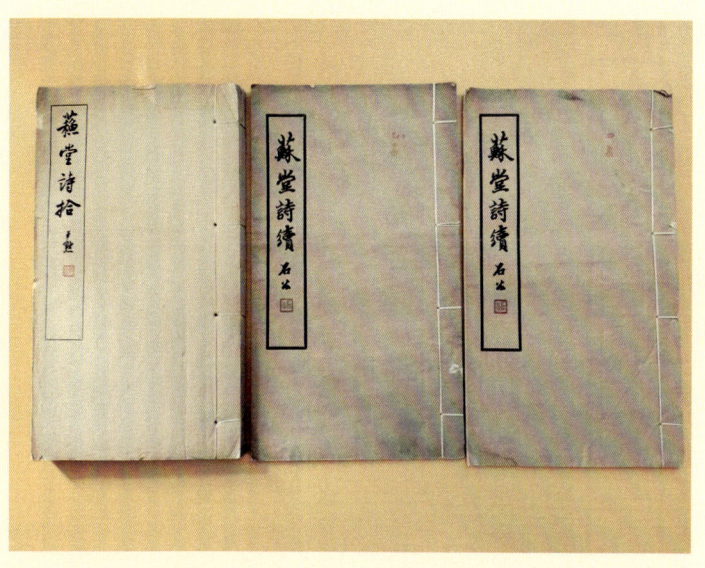

《苏堂诗拾》和《苏堂诗续》封面

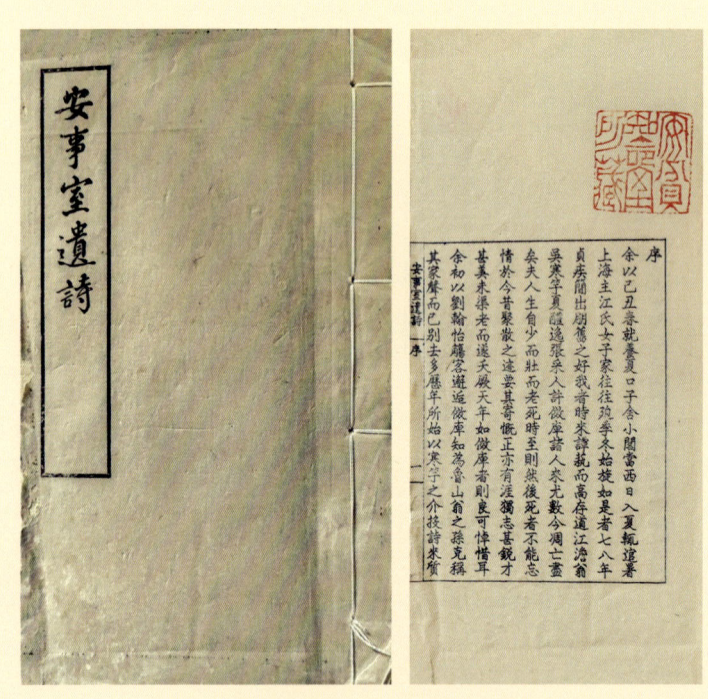

《安事室遗诗》封面和内文

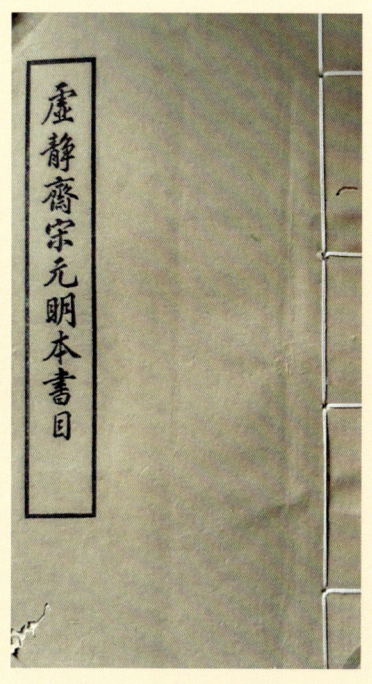

《虛静斋宋元明本书目》封面

《〈释名疏证补〉补》封面和内文

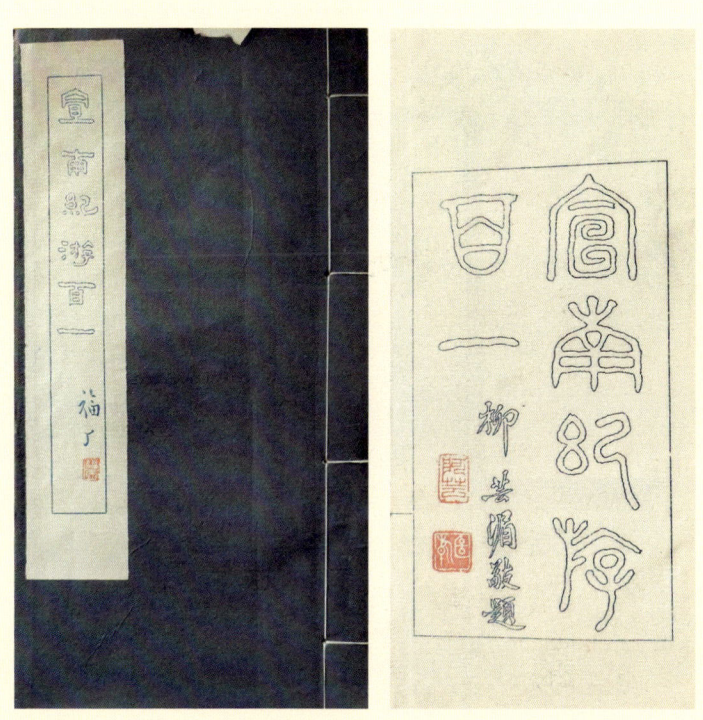

《宣南纪游百一》封面和封二

《补斋诗存》《闇公文存》《词苑珠尘》封面

# 目 录

001　苏雪林的《新文学研究》
007　明兴礼的《新文学简史》
009　沈从文赞周哲文
011　也说黄裳笔名来历
013　陈寅恪引书
018　陈寅恪未入集的一封信
020　邵燕祥先生的第一篇文章
023　瞿兑之《补书堂文录》
029　李释戡的三册《苏堂诗拾》
032　《瓶粟斋诗话》补遗
034　许效庳《安事室遗诗》
036　孙伯绳《虚静斋宋元明本书目》
040　孙伯绳《〈释名疏证补〉补》
043　蒋国榜《宣南纪游百一》
062　叶长青的《松柏长青馆诗》
068　钱锺书与陈寅恪晚年诗文争论之关系

073　钱锺书的趣味

077　钱锺书的学术联想力

082　钱锺书的儿童观

089　《容安馆札记》所见钱锺书传记史料

097　关于钱锺书的一则史料

099　"风能进雨能进国王不能进"文体考

102　私人油印诗集的评价问题

115　关于洪传经的一些史料

128　罗孟韦与潘德衡《唐诗评选》

135　谢玉铭的一封信

141　杨树达《莫泊桑短篇小说集》序

145　最新的一本鲁迅传

148　关于签名本

152　《南曲精选》抄本发现记

165　苏逸云《卧云楼笔记》《卧云楼笔记续刊》

174　丘菽园《挥麈拾遗》

179　丘菽园《菽园赘谈》

189　贺仲禹《绣铁盦丛集》《绣铁盦联话》

192　谢云声《甲子杂诗合刊》《海外集》

197 谢云声《灵箫阁谜话初集》

202 苏警予《菲岛杂诗》

204 张茂椿《固哉叟诗集》

207 翁吉人《寄傲山房诗钞》

209 关于《吴瑞甫家书》

221 李维修《寸寸集》《厦门通俗教育社年鉴》

225 付祥喜《问题与方法——中国现代文学史料研究论稿》序

229 宫立《中国现代作家佚文佚简考释》序

233 汪春劼《无锡：一座江南水城的百年回望》序

235 詹朝霞《鼓浪屿——故人与往事》序

237 《联大八年》序

243 钱之俊《晚年钱锺书》序

246 丁元元《不问西东：西南联大在沪校友访谈录》序

249 何况《文园读书记》序

252 商昌宝《茅盾先生晚年》序

256 刘超《学府与政府》序

260 陈夏红《法意阑珊处：20世纪中国法律人自述》序

263 高波《行走历史河山》序

267 张守涛《先生归来——南京民国老大学那些人和事》序

270　　刘晨《理想的下场》序

272　　朱郁文《鲁迅风——杂文作家的创作及命运》序

275　　后　记

# 苏雪林的《新文学研究》

苏雪林对中国现代文学学科建设曾做过重要贡献，她是较早将中国新文学引入当时中文系教学课程的学者之一。1932年苏雪林在国立武汉大学教授新文学这门课程，并编了讲义发给学生。苏雪林的这册讲义名为《新文学研究》。1979年苏雪林在台湾出版《二三十年代作家与作品》，就是根据当年的《新文学讲义》增删而成的。

无论杨振声还是朱自清，早期将新文学引入中国大学国文系课程体系，多数是出于个人对新文学的偏好或者顺应学生的要求，一般说来并无自觉建立学科的主动意识。苏雪林《新文学研究》是讲义名称，也就是课程名称，还不能说是著述，后人将其作为著述出版，完全是在史料意义上延续了讲义原来的题目。讲义经修改后作为著作出版是学者习见行为，但这本《新文学研究》不是苏雪林主动出版的著作，而是为了讲课供学生使用的教学材料，也就是说，现在印行的

《新文学研究》完全保存了旧有的风貌。

近年已有一些学者注意到苏雪林这本讲义的重要性（丁增武曾有专门论文介绍这本讲义），但这本讲义的原始文本似乎还不是特别容易得到，网上虽有个别复制本和电子文本出售，但多已脱离原书形态。为慎重起见，我们还是设法得到了一个原始文本，作为史料重印，尽可能保留了讲义的原初风格。

因为《新文学研究》是中国古籍旧装形式，所以需按古籍形态介绍。本讲义线装一厚册，大开本（27厘米×17厘米），白棉纸，无鱼尾，白口，半页13行35字，铅印。书口上方印书名"新文学研究"，下方是"国立武汉大学印"，讲义共280页，封面书"新文学研究　苏雪林述"，列为民国二十三年（1934）武汉大学讲义第121种。原讲义没有单列目录，现抄录如下：

> 总论
> 新文学运动前文学界之大势
> 五四运动
> 新文学的精神
> 新文学引起的反动
> 现代文坛的派别
> 对今后新文学之希望
> 第一编　论新诗

胡适的尝试集

尝试集之后的几个青年诗人

五四左右几个半路出家的诗人

冰心女士的小诗

郭沫若与其同派诗人

徐志摩的诗

闻一多的诗

朱湘和其他诗刊诗人

邵洵美和李金发的诗

第二编　论小品文

周作人的思想及其著作

讽刺派与幽默派

俞平伯和他同派的文字

孙福熙兄弟与曾仲鸣

几个女作家的作品

徐派散文

几个文学研究会旧会员的作品

自传文学与胡适的四十自述

第三编　论小说

鲁迅的呐喊和彷徨

叶绍钧的作品

王统照与落华生

郁达夫的沉沦及其他

多角恋爱小说家张资平

废名晦涩的作风

王鲁彦许钦文和黎锦明

沈从文的作品

丁玲和胡也频

凌叔华的花之寺与女人

幽默作家老舍

茅盾作品的研究

巴金的小说

心理小说家施蛰存

穆时英的作风

张天翼的小说

郭源新的神话和历史小说

几个描写农村生活的青年作家

第四编　论戏剧

所谓爱美剧提倡者熊佛西

几个以古事为题材的剧作家

田汉的戏剧

袁昌英的孔雀东南飞及其他

丁西林和另外几个剧作家

洪深的戏曲

很奇怪，苏雪林1979年写《二三十年代作家作品》时，虽然没有回避本书的大部分内容主要来源于早年讲义《新文学研究》，但似乎又不愿意直接明确表达前书和后者的关系，甚至连"新文学讲义"的名称也从始至终没有提及，所以一般没有读过《新文学研究》的人很难把二书连在一起。作为中国早期的新文学研究，苏雪林的讲义没有涉及文学评论，他在后来的书中补充了这一部分。因为是同时代人讲同时代的文学活动，苏雪林的叙述和判断对后来许多作家的文学史地位的确立多有帮助，苏雪林关注过的重要文学活动和作家，在后来的文学史叙述中多数得到了较高的评价，当然也有一些苏雪林评价很低的作家后来的文学史地位却很高，比如郭沫若、郁达夫、废名等。从这个意义上可以说，苏雪林的文学史眼光相当敏锐和独特，当然，也有一些苏雪林高看的作家被后来的文学史遗忘了。

苏雪林本人有创作经验和西方文学修养，她是留法学生，同时她对中国古典文学也深有研究，她在这方面的用力超过了对中国新文学的兴趣，这些学养决定了她的文学史眼光和判断力，所以她早年对多数作家所作的艺术分析，尤其是对作家语言才能的敏感，对今天研究中国现代作家也很有启发。

这是一册自由编纂的讲义，在完全自由开放的心态下，苏雪林对中国现代作家的分析和判断，有可能更接近真实的阅读感受而较少受其他因素的干扰，这种同时代人平视同时代文学的研究，对后来的中国现代文学研究是一个有益的坐标，在这个意义上说，苏雪林这册早年讲义不仅有新文学编纂史上的价值，更有重新观察中国现代作家文学史地位的意义。用文体分类，再以作家论为主线展开的新文学史叙述方式，在很大程度上也是后来文学史写作的基本思路，这本讲义在中国新文学史编纂史上，确有开创之功。

最后说一句，民国二十三年（1934），武汉大学多数文科讲义依然保留了线装古籍形式，这种风雅令人神往。苏雪林这本讲义是线装一厚册，在一般古籍中已是超厚了，按习惯可分装为四册一函。新文学讲义而用古籍形式印行，也可说是中国新文学史上的一则趣事了。

# 明兴礼的《新文学简史》

现在看来，放在我们面前的这册《新文学简史》可能稍嫌简略，但如果想到这是六十多年前一位法国人用法文完成的关于中国现代文学研究的专书，我们的敬意还是会油然而生。本书中译本1953年在香港出版，完成时间还要早些。1953年前用西文完成的中国现代文学史专著，我们目前仅知的是一位比利时传教士文宝峰的法文本《新文学运动史》，但此书至今没有中译本，所以明兴礼这本《新文学简史》可能是早期唯一有中译本的中国现代文学史研究专书，虽然简略，但仍有它的特殊价值。

注意早期外人的中国现代文学史研究著作，至少有三个意义：一是外人用怎样的眼光观察中国现代文学史；二是二十世纪五十年代从事中国现代文学史著述的学者有无了解外人同类著作的自觉意识和在事实上是否参考了外人的同类著作；三是当我们了解外人中国现代文学史著述后应该如何评价中国大陆五十年代的中国新文学史著作。中国新文学史编纂史眼光应当关照到外人的同类著述。

明兴礼也是一位法国传教士，业界对他的另一本专书《巴金的生活和著作》非常熟悉，此书早有中译本且流传很广。这册《新文学简史》是明兴礼在自己1946年完成的博士论文基础上改写而成的，他对多位中国现代作家作专题研究，包括巴金、老舍、茅盾、沈从文、鲁迅、周作人、冰心、苏雪林、曹禺、郭沫若、徐志摩、闻一多。本书原名《中国现代文学的巅峰》，1953年曾作为"认识东方"丛书的一种发行，同年由香港朱煜仁编译成中文，易名为《新文学简史》，由香港新生出版社出版，此书在港台偶有所见，但在大陆较少为人所知，黄修己《中国新文学编纂史》也没有提及。

作为传教士，明兴礼对中国现代文学的观察，自有他鲜明的宗教立场，但因为这是一本独立产生的学术著作，所以个人的观察和判断非常直接，他对中国现代重要作家的理解和评价虽然简略，但观察还是非常敏锐的，许多评价今天也不失为卓见。

# 沈从文赞周哲文

周哲文是中国当代著名篆刻家，名动海内外，长年居住福州，2001年去世。

有一年我到福州参观三坊七巷，恰好侄子南来在周哲文艺术馆打工，遂顺路而入。艺术馆在光禄吟台旁，为一座三层青砖楼房，据说建于1951年，是专为当时来华苏联专家建造的。我对篆刻只有一般观赏常识，参观后对周先生的篆刻印象极深，说不出什么道理，只是觉得好，当时还曾闪过一个念头，如以后在福州、厦门古玩市场偶然见到周先生的作品，当购存留念。在周哲文艺术馆还见到一封沈从文长信，写得极精，当时也想抄录，看是否为《沈从文全集》中漏收的信札，但因时间匆忙，一时没有动手，只留下了沈先生和周先生关系不一般的印象。

近读新到《新文学史料》，有沈从文1944年在昆明致董作宾三函，其中提到周哲文，对他的篆刻评价极高。沈从文说："此次字件处理，多得朋友周哲文兄热心帮忙,彼年仅二十余,才气纵横,豪奕可爱,精于篆刻,尤长朱文治印,朴茂雄壮,布置精佳,细线条劲利,奏刀准确,如治玉之'游丝碾',将来成就必极大。"(《新文学史料》2015年第3期第132页,人民文学出版社)

《新文学史料》所刊沈函为沈先生儿子虎雏释读,偶有不确处,后来我在网上看到老朋友贺宏亮先前从嘉德拍卖图录上的释文,似更确切。

周哲文自学成材,青年时一度漂泊西南,与沈从文相识。沈先生对中国艺术的修养人所共知,他对早年周哲文篆刻水平的判断完全出于友朋间的欣赏,无任何功利目的,而当时周哲文篆刻尚不为人知。后来周先生在篆刻艺术上的成就,说明沈先生对艺术的敏感及判断艺术的眼光非常准确。

## 也说黄裳笔名来历

作家笔名来历，虽无关宏旨，但可资谈助。中国现代作家众多，笔名来历多数清晰，远如鲁迅、茅盾、曹禺，近如莫言、北岛、海子，而黄裳笔名来历却扑朔迷离，连他自己也说不清楚。

读过几篇专谈黄裳笔名来历的考证文章，溯源不出宗江兄妹掌故，虽属美谈，细论却不无破绽。偶读《平山冷燕》，判断黄裳笔名或源于此。

《平山冷燕》是清代著名才子佳人小说，第16回叙山显仁为测平如衡、燕白颔诗才，命山黛和冷绛雪假扮青衣，在东西花园分见两位才子。此回末尾，平如衡题诗一首："一片深心恨不虚，一双明眼愧无珠。玄黄妄想裳公子，笑杀青衣也不如。"

"玄黄妄想裳公子"联，化用《诗经·七月》"载玄载黄，我朱孔阳，为公子裳"，内含"黄裳"二字，诗意情景正合文人理想，放在黄裳身上似也恰当，与黄家兄妹掌故联系，恰属才子佳人美谈。黄裳对明清旧籍非常熟悉，《平山冷燕》自不待言，他身前没有言明此事，或记忆不及，或青年时代自命才子，后来有点不好意思。

聊备一说，以为谈助。最后再多说一句，陈寅恪极喜《平山冷燕》，著述中时有提及。

# 陈寅恪引书

新见刘梦溪先生主编《中国文化》今年秋季号文辉兄《陈寅恪征引史料未尽之例及其他》一文，举证详赡，见解平实通达，极有说服力。

后人对陈寅恪史学成绩的敬意，其实主要不在史料周全，而在他的"巧"与"妙"（史学亦可视为高级智力游戏）。网络时代，发现陈先生引书不周之处似乎并不很难，但在史学研究中有陈先生的"巧"与"妙"却极不容易，他的"巧"与"妙"，简单说就是"他怎么会想到那样的问题"，"他怎么能把表面完全不相关的事联在一起"，"他怎么能在历史中发现和今天结构、事实极为类似的现象"等等，陈先生研究的是大问题，但从来不失趣味。陈先生早年有一篇文章《元微之遣悲怀诗之原题及其次序》，很能见出他的思维习惯，他在已知史料中用自己独特的思维发现问题，然后解释，虽然此文后来因白居易和诗写作时间确定而不成立，陈先生舍弃了此篇论文，但陈先生发现问题的逻辑与视角，也就是他"巧"与"妙"的思维习惯却还是能看得出来。另外，陈先生引书不周，可能还有个习惯问题，明以后的类书，印象中陈先生就不引。

中国老辈读书人对类书的评价一般不高，他们认为这些书都是东抄西抄凑成的。往前的类书尚有价值，如唐代《艺文类聚》《初学记》等，宋代《太平御览》《玉海》等，因为收古书多，这些古书又没有保存下来，后世只能依赖类书中的史料，明以后的类书则基本不看了。陈寅恪可能也受这个习惯影响，他著作中一般不用明以后类书中的材料，比如郎瑛《七修类稿》是很有名的书，但印象中陈寅恪没有引过（或引过我没有注意到），而《艺文类聚》《初学记》《太平御览》《玉海》等，则是陈寅恪常引的古书。陈寅恪《元白诗笺证稿》中讲白居易《七德舞》时说过，类书为便利属文，白乐天尤喜编纂类书，可知陈寅恪对类书体例及功用非常留意。

没有引不等于没有看过，因为不引明以后类书中的材料，有时就会出现同样历史现象，陈寅恪的判断和类书史料相类的情况，试举两例：

陈寅恪讲元白诗，经常提到唐代女子很多用叠字为名，如"九九""莺莺"之类（见《元白诗笺证稿》第113、375页，三联版，2009年），陈寅恪的判断是"莺莺虽非真名，然其真名为复字则可断言，鄙意唐代女子颇有以'九九'为名者"。

《七修类稿》有《唐双名美人》条，原文如下：

> 元稹妾名莺莺，张祜妾名燕燕，柳将军爱妓名真真，张建封舞妓名盼盼，又善歌之妓曰好好、端端、灼灼、惜惜，钱塘杨氏曰爱爱，武氏曰赛赛，范氏曰燕燕，天宝中贵人妾曰盈盈，大历中才人张红红、薛琼琼，杨虞卿妾英英，不知唐时何以要取双名耶？（《七修类稿》第361页，台湾世界书局，1984年）

陈寅恪注意到的现象与《唐双名美人》为同一现象，虽强调唐女子多"九九"为名者与《七修类稿》略异，但《七修类稿》举例颇富。

陈寅恪讲《长恨歌》，特别注意考证"霓裳羽衣舞"（同上第26页）。陈寅恪认为"自来考证霓裳羽衣舞之作多矣"，远以宋代王灼《碧鸡漫志》"所论颇精"，近以日人远藤实夫《长恨歌研究》"征引甚繁"。陈寅恪总体认识是重要材料均出《唐会要》和白居易《霓裳羽衣舞歌》，他依此思路进行了详细举证分析。举证过程未及《七修类稿》，而此书有"霓裳羽衣曲舞"条，抄出如下：

霓裳羽衣曲舞

霓裳羽衣曲舞不传于世久矣。虽学士知音之流。亦徒求想象而已。予以读过诗书有关斯曲者。会萃成文。述注于左。其舞律吕节奏。庶亦可知过半矣。按明皇游月中。见仙女素衣奏乐极妙。记其音。归而制之。(《渔樵闲谈》云。与罗公远游回。令伶人作。郑嵎诗注。与叶法善游。归于笛山写其音。)会西凉节度杨敬述进婆罗门曲。声调相符。遂合二者而制。名为霓裳羽衣。(《碧鸡漫志》云为创于敬述。润色于明皇。沈存中云。用月中所闻为散序。用杨曲为腔。诸书皆同。)其音属黄钟。其调属商。(见前《漫志》。沈存中亦引。辨为商调。)其谱三十六段。(见《浑成集》。)其奏乐用女人三十。每番十人迭奏。而音极清高。(见《齐东野语》。乐天诗亦曰。由来此舞难得人。须是倾城可怜女。)其舞服之饰。乐天诗曰。虹裳霞帔步摇冠。钿音累累佩珊珊。奏曲之数。白诗又曰。散序六奏未动衣。中序擘騞初入拍。繁音急节十二遍。唳鹤曲中长引声。(前《漫志》云。饰奏有二十二遍。余皆同。)惜文人往往指为亡国之音。(如杜牧诗曰。霓裳一曲千峰上。舞破中原始下来。)故弃而不传。然周草窗述之。真有注云落水之意。非人间曲也。(见《齐东野语》。)予因摘出。以告知音者。(《七修类稿》第362页，台北世界书局，1984年)

陈寅恪未引《七修类稿》，但所扩展史料方向和《七修类稿》

有相合处。陈寅恪解"惊破霓裳羽衣曲",认为"破"字除一般"破散破坏之意"外,还是一个乐舞术语,但举例时未及杜牧《过华清宫绝句》中"霓裳一曲千峰上,舞破中原始下来",而《七修类稿》已引。

最后附说一句,钱锺书常引《七修类稿》,《容安馆札记》中时有所见。

# 陈寅恪未入集的一封信

李之禹编《李嘉言纪念文集》(河南大学出版社,2015年5月)中收有陈寅恪1942年10月5日致李嘉言一函,书前有原函影印件,内有原函释文及相关说明,为《陈寅恪集·书信集》未收,有史料价值,抄出如下:

嘉言吾兄左右:手书敬悉。适在贫病交迫中,承询各节,难裕详答。只能略述一二,尚希谅之是幸!

一、先君诗光绪辛丑前作皆未刊(惟自刊有《庐山诗》一种,亦系与梁〔鼎芬〕易〔顺鼎〕诸公诗同刊者);文及杂著述如联语之类,则无自刊本。外间所传多为他人代作。现稿存家中,待战后精刊。又,少时亦自刊所注《老子》等书,乞转达。

二、拙著《隋唐制度论》,数年前交商务印书馆印行,当日上海工价廉,故书贾送沪厂,久未印出,而太平洋战起,大约已印就而内地无以

得之。尚有残稿，略补完交重庆商务印书馆重印，但不知出版何日耳！匆复，顺祝

著祉

寅恪　顿首　十月五日

李嘉言是二十世纪三十年代初清华学生，后长期任教河南大学，是中国古典文学研究专家。据李之禹介绍，此函第一个问题是当时李嘉言受丁易所托，代询陈三立著述情况，第二个问题是李嘉言讲课需要了解隋唐文学有关情况，问及《隋唐制度论》。

本书同时还介绍了1939年2月由陈寅恪转李嘉言一封岑仲勉信，也有史料价值。据李之禹披露，1944年底或1945年初，陈寅恪还给李嘉言写过信，可惜此信今日已不得见。1945年初，李嘉言在兰州见到前来公干的夏鼐，曾述及陈寅恪来信内容。《夏鼐日记》1945年1月26日曾有记载（见该书第283页，华东师大出版社，2011年）。新出《李嘉言纪念文集》流传不广，特为介绍。

## 邵燕祥先生的第一篇文章

有好几年没有见邵燕祥先生了,心中很是想念。恰好今天收到邵先生从北京寄来的他的新书《邵燕祥诗选》(花城出版社),一本印制很精美的诗集。书是由林贤治兄责编的,我第一次见到贤治兄,就是在邵先生家里,一晃也都十好几年了。在当代中国知识分子中,贤治兄最敬佩邵燕祥先生。贤治兄是鲜与人交往的,但我知道他和邵先生时相过从。

春节前计划的北京之行,本来要去看望邵先生,但终于没有去成,只好期待下一次了。原来在电话里都与章诒和老师说好,要一起吃个便饭,谈谈近年各自的心境,也顺便舒缓一下压抑的心情。我回到厦门已近二月中了,今年学校没有安排上课,我多数时间在看点闲书。四月间南京要开一个纪念胡适120周年诞辰的学术会议,我想准备一篇论文,但长文章一时写不出来,只好钩沉几则边缘史料。

旧书多在太原,我带到厦门的只是一些常用书。

上学期给研究生上《中国现代文学史料概述》时，因有一节专讲"校史校刊及同学录"的使用方法，带过来的旧刊，有一些在手边，其中有一本1947年的《汇文年刊》。

汇文中学是当年北平的名校，这本年刊由胡适题名："汇文中学年刊"，同时胡适还抄了一段孟子的话勉励学生："自得之则居之安，居之安则资之深；资之深则取之左右逢其源，故君子欲其自得之也。"

1947年已是胡适在北平的最后时期，他抄孟子的这几句话，想来与他的心境不无关系，当时北平已非"居安资深"之地，胡适对汇文学生的勉励，也只可看成是乱世中的美好期待了。

我翻看这本年刊时，见"美术与文艺专栏"中，恰好有邵燕祥先生早年一篇杂文《由口舌说起》。我印象中邵先生最早的一篇文章是1948年底发表在储安平主编的《观察》周刊上的《币》，而此篇较那篇为早，我就查了一下资料。

邵先生是汇文的学生，我看他简历中还提到了这篇文章，说是在当时一家报纸上发表的，没有具体讲哪一家报纸，想来是凭记忆写出，《汇文年刊》也没有注明是从报纸上转载的，我想这也可能就是邵先生的第一篇文章吧？不论早晚，我们找到了这篇文章，对邵先生还是有意义，特别是为以后研究他的写作生涯提供了一则史料。

我第二天就把这本年刊寄送给了邵先生,我想让他在晚年有一点小的惊喜。

# 瞿兑之《补书堂文录》

二十世纪六十年代初,香港影印了瞿兑之的诗集《补书堂诗录》。诗集分甲录乙录两部分,乙录卷二中有《陈六兄寅恪自广州寄诗见怀杂述答之》绝句十三首,为一般研究陈寅恪者熟知。此书虽价昂,但常见易得。此书印出前两年,瞿兑之还油印了一册《补书堂文录》,此书较稀见,稍加介绍。

《补书堂文录》分为两卷,线装一册,装订古雅,内文有单边框,未编目录。前有瞿兑之自记数言,原文无标点。抄出如下:

> 陆士衡有言:每自属文,尤见其情,恒患意不称物,文不逮意。平生削稿之文,无虑千百,既并放失,思之亦诚无足观。徒以六十年间,父师诏语,友纪称论,逝者有相期之雅,后死有未酬之责,不可自微躬而泯焉。录而存之,兼旧文之弗坠耳。载笔所涉事,当清之末季为多,抒词既各随其时,称名亦姑从其朔,略依年历,不区

体制，匪云义例，亶取不诬，世有哲工，督吾愆谬，拥彗望之。公元一九六一年二月蜕园自记。

可能因时在困难时期，纸张缺乏，此书没有编目，难窥全貌，特将全书目录再抄一遍：

卷一
释胥须疏苏
说于
述社
颂竹
读陆马二南唐书
读通鉴唐纪
大同纪游
祭张君子武文
汪穰卿年谱序
曾君敬诒寿颂
兄女桂华圹志
伯兄墓志铭
吴兴蔡母墓表
湘绮先生手书圆明园词跋
蠮园文存序
李纲论

蛰园记

张绍希师事略

吴县钱君夫人墓志铭

游崇效寺记

程春海侍郎遗墨跋

郭筠仙侍郎手札书后

与徐君一士书论掌故学

记尹和白老人

卷二

记三坡

记张韩磊督部语

蔗香馆戊子春集序

庐江刘君墓表（代）

徐君妻钱夫人墓碣

陶母贺太夫人墓碑

曾馥庵先生事略

赠南通瞿君诗序

西园王孙诔

广德钱君八十寿言

北魏普泰造像墨本书后

梅母廖太夫人墓表

壬辰秋禊记

青浦张氏两世朱卷跋

读希伯来经典

螺川韵语序

读老子

夏雨赋

木芙蓉花赋有序

豫章馆记

爱夏庐

故宅志

补书堂志

抄书毕，想借《补书堂文录》略发感慨。1949年后，旧时代留下的学者、文人，有些因为一时不能适应新时代要求，有些则是以往个人历史为时代计较，想适应而不得。这些学者、文人多数年长，运气好些的，靠参事、文史馆员头衔吃饭，运气差的则只能在家度日。他们旧有的学养极好，写诗做学问也自然成为生命的一部分。因为没有进入通常所谓体制，而又强烈保留了旧时对学问的热情，所以这些人依然写作，依然延续旧文人刻稿的习惯，他们选择了当时较为便捷的油印方式，如张伯驹、林志钧、张宗祥、钱文选、徐映璞、张重威等，在二十世纪五六十年代均刊刻过不少诗文稿。据郑逸梅晚年回忆，当时在上海戴克宽家即刻印了很多此类旧诗文集，如金其源四册《读书管见》《古文尚书释义》；卢慎之《慎园启事》及诗文集；孙器伯《〈释名疏证补〉补》；沈其光的诗话和陈声聪的诗集、李疏畦的三册《苏堂诗拾》（包括续集甲乙两册）等等。北京上海之外，在地方上如杭州、福州等地，此类学术活动也相当普遍，经"文化大革命"中断后，在二十世纪八十年代还曾有过一段回潮。

一个时代的主流学术方式，在时代转型后的式微，不是戛然而止，通常会依赖旧人的生命延续一段时间，因为不在主流中，他们的学术和文学活动退到私人空间，比如上海的"乐天诗社"，还有上海茂明南路陈声聪的"兼于阁"等，但学术和文学活动的最终结果是以作品的真正价值为判断标准，时过境迁后，它们是以何种方式存在倒不重要，公开出版和私人刊刻，在后人看来是一个道理。陈寅恪1953年完成《论再生缘》，也选择了油印方式。因为流传不广，这些私人刊刻的诗文集，现在看来更有价值，反倒是一些当时当红的著作，今天无人问津了。这些学术和文学活动，应当进入中国当代学术史和文学史，否则是不公平的。我近年注意到搜集这些学术文献的多是非学院中的研究者，是他们在大量收罗和保存这些文献并进行了初步整理和研究，而职业研究者似乎还没有把眼光投到这方面来，从保存文献和尊重历史的角度判断，1949年后中国旧学者旧文人的学术活动，今后有可能成为中国当代学术史和文学史中的明珠。

# 李释戡的三册《苏堂诗拾》

这个专栏的第一篇文章交出后，编辑才告诉我是专栏文章，还要个专栏名字，这才想到了"油印之美"这个说法，明眼人一看就知道，这个说法模仿了黄裳"清刻之美"的思路。黄裳先生玩古书的时候，清刻本还没有什么地位，黄先生的过人之处是在没有人在意的时候，他看出了"清刻之美"。我们今天看"油印之美"也是一个道理。所谓"油印之美"，我想主要是三点：一是诗文集；二是刻印装订要当得起一个"美"字；三是稀见。不是所有刻得好的印品都当得起"油印之美"。"文化大革命"的时候，有些文件和传单也有刻得相当好的，但不在此例。

油印时代，说实话，找到会写字的人还不是一件难事，难得是一分骨子里的风雅，就是说油印诗文集时，不能草率为事，而是在有限条件下保持古雅的风度。郑逸梅曾盛赞二十世纪五十年代戴克宽在上海主持刻印旧人诗文集，从设计、刷印到最后装订、题识，都一如古人，就是因为这些旧文人的风雅是新时代无法改造的。我见过李释戡三册《苏堂诗拾》，这种感觉异常强烈。

近两百年来，福建出了很多大诗人，以福州为中心。但抗战后，中国下水的旧文人也以福州为最。从郑孝胥、梁鸿志、黄秋岳到后来的陈伯冶、李释戡等，可开出一长串名单。这些旧文人中年纪稍轻的，二十世纪五十年代多聚在上海，积习难改，吟诗作画、拍曲看戏成为他们生活的主要内容。

李释戡，原名汝书，字蔬畦，号宣倜，原籍福建闽县，早年曾留学日本，回国后久居京师，精通戏曲音律，曾为梅兰芳编剧。梅派名剧《天女散花》《嫦娥奔月》《黛玉葬花》等，据说皆出于他和齐如山手笔，还编过《鞠部丛谈校补》，他的堂兄李拔可也是近世名诗人，钱锺书对老辈文人时有刻薄之语，但对福州陈石遗、李拔可始终敬重。李释戡喜苏东坡，将自己书室称为"苏堂"。1956年，他印了自己的诗集《苏堂诗拾》，封面是沈尹默题笺，内封再一题笺是苏堂同乡北云即林志钧先生，诗集序言为同乡陈声聪所写，集后跋文则出黄裳之手，刻手是张仁友。李释戡交游很广，诗集中多老辈文人往来史料，同时有相当多上海梨园史料，如果研究当年上海新旧戏曲变革以及名演员的演技等情况，《苏堂诗拾》当是不可少的旁涉史料。

《苏堂诗拾》并不难见，难见的是《苏堂诗拾》后的两册

《苏堂诗续》。《苏堂诗续》甲乙两册，封面题笺均是尹石公，1957年在上海油印，刻手还是张仁友。甲集封内题笺、序言都是陈声聪，集后有《赠仁友》七律一首，感谢张仁友为其刻印诗集。乙集内封题笺是潘伯鹰，无序言，集后有作者自跋一则。《苏堂诗续》甲乙两册封面完全相同，甲集乙集二小字，只是用红色朱砂随手拓印，常不为人知，有不法书贾常将此甲乙二字磨去，让人误以为《苏堂诗续》只有一册。

三册《苏堂诗拾》，刻印都很精善，在油印诗文集中当属上品。我所见《苏堂诗续》乙集内页中有一处毛笔批注："蔬畦早年即有曲癖，到燕京后，值清末民初，士大夫辈皆以捧伶为事。其尤者，饱食终日，不用他心，耽于曲院中，厥后挂冠下海者亦有。如王又宸、言菊朋等。但当时以捧角最是风行，以金融教育政界为最。蔬畦先生其一也。"

# 《瓶粟斋诗话》补遗

张寅彭主编《民国诗话丛编》（上海书店，2002年）中，第五册收有沈瘦东《瓶粟斋诗话》多卷。陈衍《石遗室诗话》后，《瓶粟斋诗话》可能是连续性最强和时间跨度最长的一部诗话了，尤其是当时旧诗人间的交往史料非常丰富。沈瘦东晚景凄凉，虽然先后任江苏和上海的文史馆员，但著述印行全赖友朋关照，这也造成了《瓶粟斋诗话》随写随刊，铅印油印交错刊行的情况。郑逸梅说："沈瘦东油印了《瓶知》，那是他的杂札，他的《瓶粟斋诗话》和《续编》，是铅字排印的，此后的第三编，第四、五、六编，即为油印本。既不是同时同地出版，刻写的也不是同一人，所以款式字体很不一致，草率成事而已。他又有一本《谈艺录》，实则也是诗话性质的书。"（《郑逸梅选集》第2卷第586页，黑龙江人民出版社，1991年）虽然《民国诗话丛编》编者费心搜求，最后还是判断有些《瓶粟斋诗话》"今皆未见，恐已毁于'文化大革命'中"。我个人感觉，中国现代史料，凡油印过的，一般不会彻底消失，因为油印至少总有几十近百册，这个数量存世的可能性很高。

我所见《瓶粟斋诗话》，油印本，共三卷，33页。书后附有勘误表，刻印装订皆精善。卷前署青浦沈其光瘦东纂稿，朱云樊馨谷校录。《民国诗话丛编》编者说明中未提及这个版本。我用此本与已刊《瓶粟斋诗话》对读了一下，发现内容时有重复，但也有已刊本中未见的文字，需一一比勘方能择出。日后《瓶粟斋诗话》如出完整本，此本似有参考必要。

关于校录者朱云樊，《瓶粟斋诗话》中有一处提到："朱君馨谷云樊，世居邑之观型堂。朱氏，清末以艺菊名。有园可六七亩，曰蔬园，板桥流水，结构疏野。馨谷年少朴诚，好篆刻，覃精六法，勤于缀辑，乡先生王步香、王韵存遗诗及步香《吴下谚联》等，皆为鸠赀印行。"（《民国诗话丛编》第5册第675页）

二十世纪五十年代，沪上旧人诗文集许多是在戴果园家刻印的，戴刻油印诗文集，可能代表了当时油印的最高水平，刻手石贡航、张仁友。诗文集多为大开本小版心，装订也很古雅，由戴刻油印本可以看出旧文化式微期的辉光，旧文人无奈中的细心耐心和从容平静，流露对中国文化发自内心的感情，这些诗文集中至今散发着中国文化的温暖气息。

# 许效庳《安事室遗诗》

陈巨来《安持人物琐忆》写当年上海十大狂士，其中有许效庳，叙其生平及趣闻甚详。许无著作，逝世后友人哀其生前诗词，油印一册《安事室遗诗》。此虽一小册，但刻印装潢俱佳。

近年油印书颇受青睐，尤其早年上海戴果园主持油印诗集，可谓一书难求。十多年前我在北京泰和嘉诚拍卖公司购得几册戴刻油印诗集，其中即有《安事室遗诗》，还是天津姚养怡先生藏书。集前有陈病树序言一则，叙许效庳生平及交游，后为友朋为诗集的题诗，先后为严昌堉、何泽翰、蔡钟济、赵祖望、丁淇、丁瑗、鲍鼎、梅鹤孙、陆鸣冈、陈文无。诗集未刻目录，附载许效庳十余首词，最后有陈文无跋语一则。

许效庳出身名门，性聪颖，富诗才，为郑孝胥赏识。集中有《卖书后作》四首，诗作何年，一时不好判断，但表达失书心情，属对工切，用典切要，可见老辈文人读书用力，腹笥之富，文化修养之境界。抄录如下：

一

百城日戚鞠为墟，菲几筠帘罢粪除。
孤剑床头时复动，短檠墙角渐教疏。
不须翻墨还嗔鼠，敢道忘筌已得鱼。
卖到头颅犹未悔，几人便腹等空虚。

二

长留宛委付谁来，六籍于今等死灰。
经费更劳庚子拜，赋余别有戊辰哀。
息心柱下征常道，腾口寰中费别裁。
鲁壁秦坑同一慨，当年梨枣本轻灾。

三

尽揵不作妇人仁，熟虑宁辞众口嗔。
何必汉书方下酒，向来论语早成薪。
钳锥切处离文字，牡钥开时委劫尘。
吾道非耶胡至此，姑教舍旧抵谋新。

四

临分那免色凄凉，半世相于助我狂。
典券不烦全祖望，穷诗真似杜于皇。
烧灯静夜谁遮眼，呫笔移时未润肠。
依旧迂生存古契，从今尧舜见羹墙。

## 孙伯绳《虚静斋宋元明本书目》

《黄裳书话》中多次提到过孙伯绳，此人名祖同，号破梦居士，浙江绍兴人，是藏书家，也是学者，有诗集和多种著述。《黄裳书话》中说，他二十世纪五十年代初，经常在上海三马路的来青阁见到孙伯绳，说他非常喜欢宋版书。黄裳感觉孙伯绳是个很有意思的人："喜欢收藏，最早是书画，曾由商务印书馆印过一册虚静斋藏画。后来又转而收藏鼻烟壶，最后是买书……他只买刻本，不买钞校，因为后者鉴别困难。他买明版书，只收白棉纸本，不收竹纸印本，又一定要初印干净的，那标准是纸白如玉、墨凝如漆。至于书的内容则不大过问。他曾由来青阁介绍从丰润张氏后人买到了结一庐旧藏的四种宋元版书，十分得意，曾约我到他家里去看宋本《花间集》。真是极精的宋本，还是席玉照家的旧装。他本打算重新装修，后来被徐森玉劝阻了。到底取原书一叶，制成锌板信笺，以为纪念。不久，他的兴趣又转移了，将这四种书连同其他明版一两百种，一起卖掉了。'文化大革命'初期，一次在电车上偶然相遇，他说刚印好《虚静斋藏书目》，要送我一册，问了我的住址，过两天就寄了来，是一册手刻腊版印的小册子，那几种宋元本都在目中，其他虽然都是些较常见的明刻本，但都是印刷精美的印本，也要算是难得的了。不久，又听说他已去世，详细情形不知道，自然也无从去打听。"（《黄裳书话》第204页，北京出版社，1996年）

黄裳同时还记述了他从孙伯绳手中买到宋版《尚书图》的事，此书后来让郑西谛截住，最后归了北京图书馆。

我读《黄裳书话》，很佩服老辈学者对书的热爱，也叹服他们对自己访书经过的回忆。《黄裳书话》中提到《虚静斋藏书目》，记得不是很准，但这个不准，反说明他写文章时书目不在手边，而他所忆之事却与事实大体相合。

我买到过孙伯绳的这册书目，全名是《虚静斋宋元明本书目》。杨成凯编中国著名藏书家藏书书目时，也收了此册，但因为是大部头工具书，不为一般人所知。我买到这册书目后，就和《黄裳书话》对读，感觉老先生记性真好。

黄裳提到，孙伯绳曾得到四部宋版书《花间集》《周礼疏》《周易本义》和怪书《六甲天元气运铃》，我在书目中查到三部。

《虚静斋宋元明本书目》，1960年编就。油印一小册，只二十几页，但刻印很精美，上海戴果园主持。当时戴氏主持的油印书册，多由张仁友、石贡航刻版。书后有孙伯绳一简短后记："六载聚书，弃之一旦，虽云烟过眼，终未能去怀。然披览之余，辄随手札录，四部略分，居然成帙。书纵不存，存此亦借以志往云尔。庚子六月孙祖同校定后记。"

王謇《续补藏书纪事诗》中说孙伯绳书散去后，"架上空而心中泰然矣"（伦明等著《辛亥以来藏书纪事诗》第224页，北京燕山出版社，1999年），于此短记可见。

书后另有陈器伯诗一首《伯绳先生手编所藏宋元明书目题后》："品类异嗜好，耽书专一癖。我爱破梦翁，委婉分片席。精椠如美色，贵不让球璧。古艺未许沦，琳琅现光泽。开卷感璞茂，静对常媕娿。昔曾得书影，玉版等亲炙。贵精不贵多，巨眼细遴择。一编目录成，儒林蒙惠益。"

陈器伯也是爱书之人，一生命运非常坎坷。二十世纪四十年代末，他在南京一所中学教书，《胡适遗稿及秘藏书信》第三十五册中，有他给胡适的信十通，对胡适极为敬重。当时陈器伯生活艰难，想让胡适帮助介绍工作。他曾拜访过胡适，还为胡适找到一册《泽存书库书目》，提示其中关于《水经注》的相关史料。

黄裳说他得到的宋版《尚书图》一卷，也还在《虚静斋宋元明本书目》中。孙伯绳记为:"《尚书图》一卷。宋刻本,为《六经图》之一。凡七十七图,间有残缺。胡珽跋后。胡氏手跋曰:宋刻尚书图一册,为先人手泽所存,咸丰四年十二月命工重装什。藏书中原缺,因无别本可补,姑仍其旧云。胡珽。"

黄裳提到的奇书《六甲天元气运铃》,孙伯绳记为:"《六甲天元气运铃》二卷。宋政和壬辰刻本。收藏有佩韦堂珍藏印。朱文方印。"对《花间集》,孙伯绳说:"《花间集》十卷。宋绍兴戊辰晁谦之刻本。收藏有王宠履吉,白文方印。席鉴之印,两白文两朱文方印。席玉照氏,朱文方印。颜仲逸印,白文方印。筠,朱文圆印。灵石杨氏墨林藏书之印,朱文方印。朱锡庚印,白文方印。结一庐藏,隶书朱文椭圆印。其余印记甚多,不备录。"

二十世纪五六十年代,有相当多像孙伯绳、陈器伯这样的旧文人,时代转型后,他们的学术工作并没有停止,比如写《古文尚书释义》《读书管见》(包括续编两册及再续编)的金其源等,他们的学术生涯完全退回个人兴趣,但恰是这种以兴趣至上的学术研究,相当程度上延续了中国传统学术的命脉,中国当代学术史,不应该遗忘这段历史。

# 孙伯绳《〈释名疏证补〉补》

1961年,孙伯绳又在戴果园处油印了一册《〈释名疏证补〉补》,只三十几页,由施藻翔题签,依旧大开本小版心,刻印也极精善。

《释名》是东汉刘熙的一本名著,在中国训诂学史上有重要地位。清时对《释名》进行补证的重要著作,是毕沅的《释名疏证》和王先谦的《释名疏证补》,后者是清人整理《释名》的集大成之作,孙伯绳此书即是对王书的补证。书前有俞鸿筹题记一则,记成书原委较详,抄出如下(原文无标点):

> 《释名》一书,传世无善本。明嘉靖谷泉储氏覆刻者,为南宋书棚本,高陵吕仲木尝臆校八十余字,阙而未改者十一字,然讹夺仍满目也。自镇洋毕氏、长沙王氏先后集群力博征载籍,萃为疏证,千载疑滞,方得释然,于斯编洵有功矣。破梦居士好考据之学,偶于坊间得《释名疏证补》,中夹签记数十纸,皆重补毕王遗义。从其署名,

知出吴兴沈福庭先生锡祚手，遂录存之。更以己意，增补若干条，汇成一卷。出以示余，并属题识。先生为吾先公陈枲粤东时之幕宾也，邃于申韩学。赵渭卿、方伯舆同里，将赴湘而以之为介。时创立提法公所，因延先生主一科。厥后王雪徵年丈莅任，一仍其旧，辛亥后先生退隐吴门，犹时时通音问，此签记中偶记岁时，有书乙卯二月者，盖正寓吴之日也。余少时犹及见之，并知其晚年与朱古微、李谷遗二丈往还为多，至其著述则未之详。以先生之博览多闻，笔墨娴雅，宜有精心完具之作。此区区签记者，或当日信手所及，初无成书之意，庸知数十年后，有抱残守缺之士，为之补缀以传者乎。居士与先生非素识，乃手为理董遗佚，且参订增益之，其好古之笃为不可及矣。辛丑季春俞鸿筹题记。

由俞鸿筹题记可知，孙伯绳此书系在沈锡祚签记基础上再为补证之作，他由旧书中偶得沈氏签记，但孙伯绳没有掠美，将沈名署在己前，文人品格，于此可见。

王謇《续补藏书纪事诗》中有咏沈锡祚藏书纪事诗一首："西汉专陶罗一室，湘帘棐几久忘园。校书时时不签一，群书拾补疏证繁。"

王謇注解沈锡祚："归安人，流寓我吴。勤于校勘，所校书下签密于雨后春笋，均根据古类书、古书、古注所引而极精审者。一九一六年归道山。所藏所校书数十箧,为其同乡某藏家亦寓我吴者所觊觎,诡称将迻录锓签以刊札记。由朱古微(祖谋)作介,仅费一千四百元,囊括而去,既而不见札记刊出。余一再为其家人请践宿诺,终不见报。后某藏家亦中落,书亦尽斥。余从书肆抄得校记二十五种,然不及百一。"(《辛亥以来藏书纪事诗》第 168 页)孙伯绳《〈释名疏证补〉补》恰可补证王謇的判断,亦是书林一则掌故。

# 蒋国榜《宣南纪游百一》

《掌故》第五集有艾俊川《从廉庄到蒋庄——再谈西湖小万柳堂始末》一文,叙蒋国榜其人其事甚详,惜未提他当年的一册油印诗集《宣南纪游百一》,此书我手边恰有一册,略作介绍。

二十世纪五十年代油印书册水平最高的是青浦戴果园督印的一系列诗集,以戴自己的《果园诗钞》为代表,刻手张仁友。戴果园的女婿是徐燕谋,徐也能诗,是钱锺书好友,《果园诗钞》的跋语即出自燕谋手笔。上海之外,杭州当时也有几种油印诗集刻得相当精善,装潢也极古雅,如高时丰《存道诗剩》和蒋国榜《宣南纪游百一》,此书王福庵题签,柳芸湄书封,马一浮、谢无量题诗,柳肇嘉题词。

1958年蒋国榜到北京,居其子蒋锡夔家中。蒋锡夔是中国著名的物理学家,中科院院士。蒋国榜遍游北京名胜,每到一处均赋七言绝句一首并自注所咏名胜及其掌故,共积诗一百一十二首,涉及当年北京名胜及名人，可看出一个旧人在新时代的真实感受。前有马一浮、谢无量、柳肇嘉等人的赠答诗。诗集稀见，抄出如下，以存史料。

赠答

**苏盦寄示宣南纪游诗嘉其游赏之美真兴体也率尔奉答即题其后　戊戌仲冬　蠋叟**

旦暮浮云变古今，门前丘壑罢登临。
爱看红叶西山好，不踏冰槎北海深。
频尾扬波疑浊酒，飘风戢翼忆寒禽。
喜君日下行吟句，慰我林间卒岁心。

**苏盦枉过辱惠佳篇依韵奉酬　无量呈稿　戊戌九秋重九前五日**

南湖高躅仰风流，裙屐翩然易水秋。
凡鸟乍题虚倒屣，神龙瞥现靳同游。

闲中得味心真肯，老至无能意已平。
何日再来重把手，菊花时节莫忘情。

**苏盦还沪惠示北行纪游诗百篇纵横炳耀读之狂喜率赋呈正**

柔翰忽惊天上落，归装恰载百篇诗。

襟裾丘壑飞高兴，子弟芝兰映一时。
吹万便同齐物论，傲寒兼作卧游资。
遥知湖畔从蠋叟，定赋梅花雪满枝。

**无量再拜　戊戌嘉平六日**

**蝶恋花·苏盦宣南纪游诗卷题词　柳肇嘉　己亥清明**

珠玉盈囊秋兴寄，宫阙嵯峨，几下铜仙泪。暮听欢声云外至，红旗凯唱纷纷起。　清浅蓬莱风日丽，松籁泉鸣，似诉前朝事。秋菊晚崧堪一醉，幽窗漫挹西山翠。

太液芙蓉千万柄，绝似江南，只合江南咏。长乐阿房催梦醒，徘徊阑楯添诗兴。　绕郭云峰多丽景，梵刹参差，宜沦西湖茗。山鸟山花林霭暝，霜天红叶移烟艇。

古柏森森华灼灼，裙屐翩跹，合与民同乐。往事悠悠聊共酌，斜阳忽在栏干角。　红杏青松谁可托，枫叶芦花，台榭还如昨。画本南轩秋梦觉，孤儿老泪风前落。

高柳蝉吟催逭暑，叶叶风荷，镜殿迷香处。闲话兴亡鸥与鹭，人间万事无凭据。　玉砌牡丹相媚妩，曲罢霓裳，璀璨花如故。禁苑春风春有主，旧游回首知能赋。

连袂行吟应不倦，雾阁云扉，合住神仙眷。杯泛流霞乘兴劝，月圆花好人长健。　老去豪情知未减，风雨重阳，又趁飙轮返。望里家山春不断，燃脂涤研题芳卷。

宣南纪游百一（并引）

曩年以先慈笃老多病，又人事多故，迄未能作北行。更重感先府君早年读书宣南之晋太高庙。丁卯春，金柳簃丈曾为亲访，得撰文及摄影见示，为没齿所不能忘。今值夔儿蒋锡夔留京科学院，屡欲迎养，迨南下归省，复申前请，以怀宿愿，爰诺之。于七月下浣偕慈卫相从北上。顾先人遗迹卒以境屡变迁，渺不多得，盍焉心痛。夔且敦览各名胜，凭今吊古，辄触所怀，以长篇既难急就，截句正可行吟，计得百十二首。明发不寐，亦以示夔。许能养志，俾无留憾。老来识小，并借取自娱，为客座拊掌之资云。戊戌桂月廿四日于京寓夔笙室

十年未履家山土，并入征途望眼收。
瞑堕苍茫存一息，梦魂长恋是松楸。<sub>车过金陵</sub>

征车电掣展飙轮，上下床分入梦身。
击楫中流灰壮志，衰迟枉作渡江人。<sub>即晚渡江北上</sub>

维石岩岩气象崇，徂徕远引俯龟蒙。
升高未听天鸡唱，耳熟东方日出红。<sub>瞻泰岱</sub>

古亭历下几曾探，麝沸泉教舌本甘。
只是沉吟偏爱好，济南山喜似江南。<sub>经济南</sub>

漫问河清寿几何，胶难定浊瞬驰过。
神功已动三门峡，禹迹应输泛绿波。<sub>渡黄河桥</sub>

垂老生看入国门，云中宫阙几留痕。
康衢习听童谣遍，击壤歌教野老存。<sub>车达燕京</sub>

安排笔砚亦多般，子舍欢承定省间。
日伴老妻无个事，朝朝洗眼看西山。<sub>止夔儿双栖院舍翠微玉泉诸山日接眉宇</sub>

殿阁排云面面开，雕栏千步供徘徊。
白头宫监前朝话，不待胡僧辨劫灰。<sub>游颐和园</sub>

耽吟吐哺句清新，天竺人来观国宾。
底事此山缘凤契，水流云在镇相亲。<sub>听鹂馆去年印度副座拉达克里希南氏膳于此诵得元诗人周权此山句夔儿先为寻得陆风石书</sub>

海宁孤愤隐难宣，旧学贻传寄一编。
禁苑谁留坏土在，清流扣角问牛眠。<sub>园有湛然居士阡及近人王静安自沉处</sub>

岂料闲情寄四愁，仪型今古结同俦。
冲天箭拨凌霄去，月姊星官把臂游。<sub>天文馆瞻星象运行</sub>

蒋国榜《宣南纪游百一》　　047

恍认灵台傍灵囿，森森乔木荫涟漪。
踽远夹道寻踪处，牢锁心猿敛坐驰。<sub>万牲园茗坐</sub>

至道何年建宝坊，清真教古礼天方。
楼凭宝月呼斋罢，一炷炉烟寸土香。<sub>牛街清真寺宋至道敕建</sub>

皓首摧心抱旧图，招提片壤影模糊。
孤儿伏枕衔碑泪，肠断南轩梦有无。<sub>宣武门外晋太庙之南轩先君曾读书处怀金柳籍丈曩示访旧记及摄影遍迹迹已湮心恸</sub>

窑台买醉放鱼竿，题壁陶然倦眼看。
枫叶芦花秋未老，只耽岑寂耐荒寒。<sub>游陶然亭</sub>

后土坛犹五色分，森森古柏荫斜曛。
我来今雨轩中坐，石骨青留一片云。<sub>前社稷坛今中山公园有青云片石</sub>

新秋丛桂已飘香，谐趣骈肩偏倚廊。
偕老天教栖息稳，南湖两地水云乡。<sub>慈卫于谐趣园度生日颐和园昆明湖外有南湖</sub>

后山佳处岂迷津，人海翻身意倍亲。
松壑风涛倾耳听，去天尺五隔红尘。<sub>万寿山后抚松听泉景最胜</sub>

松老千章郁怒撑，景山高处缅朱明。

苍龙鳞甲纷纷落,过眼悠悠今古情。<sub>景山明庄烈帝殉难槐尚荣</sub>

留得残荷积水潭,沼堤柳色忆江南。
诗囊俯拾知无底,愿向梧门结一龛。<sub>步什刹海</sub>

琼岛仙居列几曾,琉璃万瓦碧波澄。
九龙斗罢还归壁,海立云垂任踏冰。<sub>北海周游</sub>

白塔高标出紫霄,堆云艮岳亦岧峣。
刹竿幡动空相印,趺坐忘言意也消。<sub>白塔登眺</sub>

参天黛色宛游龙,尚说前朝表故封。
拄杖优游争久立,团城长护白皮松。<sub>团城抚金时植栝子松</sub>

荒庵菜瓮出蟠螭,玉海波涛百怪奇。
贮酒良应容几石,词林骨醉莫题诗。<sub>玉瓮亭当时词臣应制诗刻册人</sub>

玉石栏凭夕景妍,瀛洲相望柳含烟。
金鳌携手盈千步,怅往秋风太液莲。<sub>玉蛛桥款步</sub>

龙降虎伏并低头,举插如云万杵投。
柄国犹看亲版筑,大田灌溉沛清流。<sub>十三陵水库</sub>

军民十万迅经营,娇小躯能逐队行。

蒋国榜《宣南纪游百一》　　049

绵力未输坐迟暮，习劳子妇当尖兵。子妇指姮迪

宝城深闭纵凭登，应灭鱼膏地窟镫。
血色丰碑成靖难，孝陵遗恨削觚棱。长陵

擎天柱殿列香楠，天寿山高拥翠岚。
良殚吟襟松柏下，无言翁仲纵清谈。祾恩殿前松柏下疗饥

玉鱼金盘出非诬，汉寝唐陵问有无。
难卜万年终暴骨。空中黄鸟莫重呼。定陵经两年发掘不久开放展览

岭盘八达踞雄关，天险防边力已艰。
饮马谁来犹有窟，草枯鹰眼只输闲。出居庸关

蜿蜒万里锁边疆，烽燧无惊冷战场。
解渴骄儿教掷果，女墙贴背抵苍茫。倚长城堡垒食苹果葡桃

玉石雕镂历废兴，云台遗址尚堪登。
金经梵相山林护，翠迭居庸又几曾。关内有元云台遗构

玉阶金阙眼中收，联步容登五凤楼。
一例兴亡谁管得，秋风禾黍思悠悠。清故宫

成城倾国史奚疑，大好神州几不支。
玉殿尚留传国玺，曼殊遗祸溢龙螭。交泰殿尚列廿五玺

铭文散氏怅沦亡，饮马盘犹殿角藏。
苍翠烂斑遗古籀，莫忘瓯脱有殊方。<sub>虢季子盘在太和殿散氏盘沦于台湾</sub>

倚遍栏干绛雪轩，剑南名种久遗根。
官家歌颂多虚话，几见花时欲断魂。<sub>御园太平花</sub>

宝座龙蟠体气移，养心宸翰缅三希。
遽怜留殿颁禅诏，丹膦凋零冷玉墀。<sub>养心殿为后宣统逊位诏处</sub>

词人已往托秋词，永巷无人有泪垂。
争似南朝遗辱井，并留血渍染胭脂。<sub>临珍妃井</sub>

崇台圜构象周天，金顶辉煌日照边。
旧样恢从雷火后，国人争取共祈年。<sub>祈年殿</sub>

古柏森森夹道迎，林深支帐露行营。
回音面壁虚坛静，捷报丰登更武成。<sub>皇穹宇有回音壁</sub>

琉璃厂址宛留痕，障面尘无车马喧，
冷肆谁来征古籍，日斜重认海王村。<sub>停车西琉璃厂</sub>

北来子舍按夔笙，佳节今偿骨肉并。
屈指华沙书正达，清辉交炽客中情。<sub>度中秋节又喜麟儿波兰书来</sub>

蒋国榜《宣南纪游百一》 051

翠微览胜入西山，却许澄心境更闲。

伫听流水御沟出，琳琅膏泽遍人间。<sub>玉泉山前为静明园伫听垣外泉声</sub>

林深古刹隐幡竿，岂倦津梁示涅盘。

念念尘尘成往劫，将心万法究齐观。<sub>普觉寺礼卧佛</sub>

干竺型留开宝坊，芸芸礼足向空王。

碧云永护金刚座，未许天魔占道场。<sub>碧云寺传为明魏珰自卜地</sub>

静明园继静宜园，深入香山绕禁垣。

无尽秋光教驻足，饱餐红叶醉忘言。<sub>香山红叶厅间饭</sub>

刹刹贪寻径八盘，强移腰脚得心宽。

输他历劫公孙树，坏殿秋风叶战寒。<sub>八大处之大悲寺殿前银杏两株经世有八百年云</sub>

秘魔日影薄崦嵫，四望云归未碍迟。

降雨齐民今有术，扰龙不待叩卢师。<sub>秘魔崖在对山未及游</sub>

闲来趁兴亦乘时，览揆相依老倡随。

行遍西山漫题句，南陔儿为诵笙诗。<sub>六十有六生朝即兴</sub>

民劳众志炼成钢，纬武经文国步强。

万众嵩呼争觌面，天安门上有当阳。<sub>国庆闻广播嵩呼</sub>

北海烟波淡欲无，冰轮涌上映蓬壶。
银花火树缤纷炽，塔顶辉增帝网珠。<sub>登白塔观焰火</sub>

无定河成永定河，澄潭铁闸贮清波。
春闺梦好今无那，浣女闲歌拾翠螺。<sub>永定河水闸</sub>

太行有脉迭崔嵬，崭绝峰头径别开。
分劈何劳五丁手，罗睺岭上首频回。<sub>货车环山道行</sub>

涛声万壑远闻钟，古刹深藏起卧龙。
闲拨一枝鳞甲动，戒坛倚后更无松。<sub>戒坛寺五古松</sub>

玉石坛镌九品莲，精严选佛猛当前。
香林稳着归心处，山鸟山花未了缘。<sub>戒坛</sub>

碑趺入地纪忘年，漫漶文留质秉坚。
坏塔不辞环绕遍，辽金何世并唐捐。<sub>抚辽金各碑刻</sub>

招提代远隐岩窝，引客泉声暮涧波。
入岫行云无觅处，但闻啼鸟语谁何。<sub>游潭柘寺访岫云先生蜕处怅未得</sub>

老干参天表帝王，娑罗子结拾犹香。
金身坏色衣偏坠，露地无妨作道场。<sub>大雄殿前古银杏称帝王树</sub>

转经苦行事难论，帝女桑空迹果存。

蒋国榜《宣南纪游百一》

坛起楞严看指月，天花散乱莫留痕。元世祖女妙严于寺出家紫柏禅师有记

修竹幽闲卓一亭，浮杯曲水映前型。
溪声远引能饶舌，流出尘间不解听。猗玕亭暝坐

新词脱手意如如，月到中秋涌碧虚。
耆旧相望凭赠答，湖天燕坐命传书。湛师书来以中秋词命达啬庵先生

恨雪桑干战骨收，勿忘指日赋同雠。
关山月好纷车骑，狮吼凭阑石点头。芦沟桥偕慈卫同游

伊谁宅第掩朱门，绕树栖鸦恋旧痕。
拈得贞元朝士句，藤花老屋送黄昏。内外城多见旧家故邸

古寺精蓝遍几坊，残僧犹在拾余粮。
青松红杏劳人问，画壁飞天近满墙。京中旧刹访多变迁

妙道精研南北宗，玄宫提举白云封。
雪山应召缘同契，笺得黄庭问老龙。白云观访陈撄宁大

肖然一老仰群流，诗思绵绵蜀国秋。
儒墨未赓彭泽录，会超北海许从游。谒啬庵先生值游北海

无言争似忘言好，汗马功收心地平。

村巷牛羊归已晚，柴翁书揭古今情。<small>再谒啬老牛羊句指见壁张郑柴翁楹贴</small>

载笔春明录梦余，旧时剑佩话成虚。
香山片壤长眠稳，玉树阶前吊故居。<small>访盘园亲家故宅著有春藕斋随笔未刻</small>

御园周市址生桑，海甸风光小市藏。
引得清泉恣澡雪，红尘追逐语谁忙。<small>海甸市三就浴</small>

宫词哀怨赋连昌，异代行吟步二王。
惯说居庸羽琌叟，生儿人欲射天狼。<small>访圆明园遗址王湘绮王静安有歌行园毁有谓龚橙为导</small>

投石嗟同落汉臬，热肠侠骨感贤操。
相逢玉貌依乡国，生产宣南赖绩劳。<small>访璞文喜值投石寓汉时事近负商业部区生产主任</small>

帝力于我何有哉，穷乡老幼步春台。
瞬看亿万完生聚，举世风从庆泰来。<small>夔往徐水视察人民公社所闻见</small>

相轮盘盖表中天，北海型输落一肩。
礼足不辞颂七佛，铃音空劫话辽年。<small>白塔寺七佛殿待修塔下瞻仰</small>

蒋国榜《宣南纪游百一》

京国迟看秋色繁，霜寒谁送酒相温。

句拈陶令孤吟句，逸兴常怀刘挈园。<small>曾见京中刘翁摘陶句和诗五章为佳待访</small>

金马台澎敌枉谋，海防期日版图收。

延平旧恨风云起，拔帜看登赤嵌楼。<small>敌频犯我海疆十月廿日止外部已提卅二次警告</small>

乘时能得几闲身，操作精勤事日新。

拂晓卷帘梳洗罢，画眉山问画眉人。<small>夔儿夫妇乞题合影画眉山在西山东麓</small>

改服须眉志未降，穷年述作鼎犹扛。

旧闻补葺凭搜讨，行箧编留感涉江。<small>北游携得元素唐先生天怃偶闻涉江先生别号</small>

孤标谡谡听松风，老却樟亭寄梦中。

自是沉冥甘入地，长空哀响断飞鸿。<small>苍虬集有天宁寺戒坛松诗卓绝</small>

上天入地继称尊，显密源同不二门。

因位能超依十住，胜夸临济富儿孙。<small>雍和宫瞻宗喀巴大士铜像</small>

舍宅潜龙应帝王，金身寻丈具檀香。

年逢布札看神跳，未信尘间百怪藏。万福阁旃檀大佛跳布札意为打鬼喇嘛遗俗

殿庑潜窥俎豆陈，参天黛色柏同春。
源流洙泗长无替，教泽看肩末后人。先圣大成殿瞻仰移时

贞石能摹古籀存，成周猎碣迹重翻。
韩苏健笔凌霄远，多士题名记莫扪。乾隆仿制十鼓今陈大成殿檐历代赐进士题名碑列门外难计数

碑植成林列近垣，精勤一纪墨留痕。
广文官冷传经笔，历劫难磨冢拙存。拙存先生手写十三经今移植孔庙东垣临古三百六十种见自著题跋不识尚存天壤否

辟雍水绕掩朱甍，太学升阶邃古情。
典籍料应征孔壁，圜桥讲辍汉诸生。国子监今为国立图书馆

槐老阴浓引客来，何年观树动疑猜。
前修遗植同宗绪，灵萃枯荣葆圣胎。元许鲁斋先生手植槐枯于乾隆辛未年复荣家质甫公为图有题咏碑刻

宝座金刚级几曾，伽陀精制纵凭登。
缭垣百草霜犹着，懒答空阶曝背僧。五塔寺久圮金刚宝座可登

机声轧轧百工忙，破寺钟停杵久藏。

春色年年寻九陌，游人空忆国花堂。<sub>极乐大钟等寺均为工厂</sub>

重九风雷夜枕听，高寒心尚怯登临。
茱萸醉把人同健，挂眼西山分外青。<sub>重九风雨夜雷败兴</sub>

推窗喜见居庸雪，万寿山争快阁晴。
绚烂东西银海眩，涪皤那得入诗情。<sub>婴儿指居庸关军都山见雪天亦放晴偕慈卫于万寿山登高</sub>

观象高城旧筑台，仪型精凿古今赅。
倾心研鍊京都手，更让河间秉异才。<sub>建国门观象有张平子造像</sub>

岑楼钟阜起嵯峨，剑合珠还敌忾多。
历象探微书一统，步天歌罢转星河。<sub>浑仪简仪二器前为德法掳去今复归国置宁钟山天文台又壁张钱梅溪书浑天一统星象全图</sub>

在山泉出漾沦漪，销夏幽居录果宜。
猿鹤惊猜更几世，樱桃有树茁新枝。<sub>樱桃沟为孙退谷旧隐居处</sub>

拜石家园祖米颠，青芝岫落禁林前。
水流云在均无住，更觅源头向上泉。<sub>明米万钟勺园青芝岫等奇峰久移至仁寿殿乐寿堂</sub>

万壑松杉百道泉，经霜树树色争妍。

老来法喜长相伴，借得香山一榻眠。<small>借慈卫宿香山红叶邨馆</small>

银杏交柯抱几围，鹅黄叶战绚斜晖。
吟髭拈短吟肩耸，月印中峰肯下帏。<small>时正月圆噤寒未能出步</small>

此生此世不常有，山鸟山花信友于。
丈策看云不辞远，山中岁月问黄垆。<small>登多云亭远眺玉泉山塔首二句集古</small>

腰脚犹胜济胜宜，黄栌红树染霜姿。
四山云合龙吟起，绝顶还摹晴雪碑。<small>登西山晴雪碑高峰赏红叶</small>

刹竿已倒塔犹坚，铃舌吟风入耳圆。
彩缋虚空没飞鸟，琉璃光耀碧云边。<small>琉璃塔下闻铃距碧云寺近</small>

家山红树恋栖霞，异地秋光兴倍赊。
南北圆融交眼界，不教空手得还家。<small>静宜园如湛师指胜境饱揽</small>

唇齿相维敌共惩，成仁百战竞先登。
凯旋争听铙歌起，胼蠙昭回箕子陵。<small>我驻朝鲜志愿军十月廿八日还都人民夹道欢迎</small>

蒋国榜《宣南纪游百一》 | 059

晚晴日曜晚香含，寄傲高标诗有凫。

执手素心缘久契，屈醒陶醉意同参。<sub>访娶园翁于所居小诗凫权仰苏从</sub>

黏壁难教句细评，铸人百炼擢金英。

颓龄菊水还分饮，会取无名证净名。<sub>翁艺菊不标名色见高致</sub>

草亭来倚客中身，霜鬓同看一笑亲。

还恋旧林向南雁，羊求有径问湖滨。<sub>翁鄂人结亭日望湖以寄乡思</sub>

清泉瀹茗话双清，妇子重来眼倍明。

只是香山增眷恋，白云红树迭邀盟。<sub>夔儿夫妇更敦至静宜园萃任从游</sub>

塔铃风引导重临，逐步看山达碧岑。

阅世苍官围合抱，岁寒长葆印初心。<sub>见心斋久坐始出山</sub>

画宗南北展荆关，曹马韩牛艺各娴。

玉玺免教钤额角，春云几幅见房山。<sub>文华主敬两殿观隋至元名画迹唯高房山无一幅</sub>

流亡重器转飞蓬，旧制新型合眼中。

石不能言休聚讼，缶翁刻画讵求同。<sub>欣见故官无名殿陈列有原石鼓惜未具北返因缘</sub>

错节盘根解索量,排云翠色列成行。

寒林叶酿巾能漉,谁复移情赋柏梁。<small>社稷坛后格言亭古柏成林</small>

没骨银刀映雪肤,松花江上网师沽。

紫驼峰腻羊羔脆,子美耽吟二寸胦。<small>松花江银鱼银条椒眼如点漆囊年穆竹荪亲家见馈今再获尝之穆工写生</small>

闻所闻来见所见,今之视昔后犹今。

殊方国作劳民赞,山海经图箧底寻。<small>北来两月余经秋入冬清游喜得天时</small>

百一吟聊记日程,梦余有录补春明。

曰归眠食冬烘稳,长祝民康心太平。<small>得诗百一十二首以压归装</small>

**戊戌小春下浣厓初稿竟苏翁识**

# 叶长青的《松柏长青馆诗》

中国幅员辽阔,历来有中央和地方两层结构,观察中国历朝人文活动,目光也须顾及上下两层。近年中国文化复兴,整理乡邦文献一时蔚为大观。传统史学研究,凡涉地方人物事件,多用方志,后又加入政协文史资料,近年地方文献整理则将大学校史也包括进来了。使用地方文献的优点是容易把人物和事件做得细密,因地方边界相对具体,史料易于把握。许多人物和事件,在全国层面难免粗疏,但具体到地方一隅,则容易做精做细。最近读厦门社科联编纂同文书库中的叶长青《松柏长青馆诗》(厦门大学出版社,2018年),感觉乡邦文献的整理对推进现代学术研究真是大有裨益。

近年民国旧诗研究成为学界一大热点,同光诗人群引人注目,但一般研究者多留意同光诗人中的大家如陈三立、郑孝胥、夏敬观、陈衍等,对同光诗人的其他成员则少有提及。这方面的史料,一般来说,只有通过地方文献的搜集和挖掘，才能引起研究者的注意。因为有些历史人物放在全国层面是小人物，而回到乡邦则重要性突显。叶长青即是这样的人物，他的诗集《松柏长青馆诗》印数极少，过去不为人注意，如不是整理乡邦文献，很难再回到研究者视线中来。这次整理出版《松柏长青馆诗》的洪峻峰先生，长期担任《厦门大学学报》主编，本人对民国东南旧诗人、旧诗社活动有长期史料积累和全面系统研究。这次重印，不仅底本选择慎重，还将叶长青集外佚诗搜集辑注，作为附录刊行，另外洪峻峰更进一步将叶长青所有著作序跋集为一编，为读者深入了解叶长青提供了丰富史料。

一般读者多是通过钱锺书《石语》知道叶长青其人。《石语》是钱锺书记录他和陈衍的一次私人谈话。钱锺书和陈衍谈话时，黄曾樾记录的《陈石遗先生谈艺录》已出版，陈衍自己应该意识到他和另一个晚辈的谈话，也有公开的可能，所以他放言臧否时贤，相当程度上表现了自己的真实想法，虽然这些想法多数与他对时贤的公开评价不同，有些甚至是相反的，但这并不影响钱锺书这篇谈话的价值。文坛总还是要有些有趣的东西，文人间的相互评议，对理解旧文人的交往很有帮助，陈衍对叶长青的私人议论和公开评价，就是一个有趣的问题。

《石语》说："叶长青余所不喜，人尚聪明，而浮躁不切实。

其先世数代皆短寿，长青惟有修相以延年耳。新撰《文心雕龙》《诗品》二注，多拾余牙慧。序中有斥梁任公语，亦余向来持论如此。"（该书第43页，中国社会科学出版社，1996年）此段言论，如果不和陈衍别处对叶长青的看法对读，就有可能产生误解。读《松柏长青馆诗》，我们会发现叶长青对陈衍非常尊敬，他节录《石遗室诗话》片段作为自己诗集序言，而陈衍对叶长青这位后辈也相当客气，晚年还为叶长青的《国魂集》题写了书名并作了序言。

《石遗室诗话》对叶长青的看法是："余初至厦门大学，可与言诗者惟叶生俊生（长青）、龚生达清"（张寅彭主编《民国诗话丛编》第1册第404页，上海书店出版社，2002年），并详细介绍叶长青："字俊生，后改名长青，字长卿。在厦学余举充文字学教员。劬于著作，诗亦绝去俗尘，惟过求生涩。"陈衍在书中抄录叶长青诗甚多，虽有批评，但多数是正面评价。叶长青后来到金陵大学任教，陈衍书中也曾专门提及。《石遗室诗话续编》有一次谈到刘伯瀛的诗，陈衍也提到叶长青，他说："诗从门人叶长青传来，长青本从伯瀛游。"（张寅彭主编《民国诗话丛编》第1册第548页）。

叶长青（1902—1945）是福州人，早年曾任厦门大学助教，后做过长汀、永安县县长，著述甚多，最有名的就是《石语》

中提到的"《文心雕龙》《诗品》二注",具体书名是《钟嵘诗品集释》(1933年,上海华通书局出版)、《文心雕龙杂记》(1933年,福州职业中学印刷)。《钟嵘诗品集释》我没有见过,但从网上一篇关于本书的评述中了解到,叶长青在书中多次明言引述过陈衍《诗品评议》,所以从学术规则上说,责备叶长青的理由不充分。叶长青在该书《自序》中确有对梁启超一个看法的批评,并认为自己的观点"颇有学术启示意义",而这个见识也许来自陈衍而叶长青没有特别说明,所以陈衍和钱锺书谈话中才有那样的评价。

《文心雕龙杂记》,近年已经再版,很容易见到,书名是福州刘孝祚题署,孝祚字莲舫,曾任福建盐运史。书有两序,第一篇即是陈衍所写,他说:"长青富著述,近又出视《文心雕龙杂记》,其所献替,虽使彦和复生,亦当俯首,纪河间以下毋论矣。读刘著者,可断言其必需乎此也。若例以彦和之藉重休文,则吾与长青有相长之谊,岂休文素昧生平比哉。"此序颇有意味,用刘勰《文心雕龙》和沈约的关系作比,也委婉表达了叶长青此书曾受过自己的影响。

陈声暨、王真合编《石遗先生年谱》,首页特别标明"门人叶长青补定",谱中也时有叶长青补充的内容,陈声暨是陈衍哲嗣,王真为门人,如此署名,说明他们平时关系正常。《年

叶长青的《松柏长青馆诗》 | 065

谱》中记有"长青以家世不寿,赖有垂白大母,自颜所居为松柏长青馆"(该书第301页,台湾文海出版社影印本,1966年)一语,叶长青也曾请陈衍为自己居处题诗,他们一起访名山胜景的记载,时常出现在陈衍笔下,足证他们关系密切。据《年谱》介绍,陈衍去世后,未刊遗稿尽为叶长青取去。福州林公武在《夜趣斋读书录》中,专门介绍叶长青《闽方言考》一书,此书也有陈衍序言,评为"博采见闻,可以补余所未载者尚多"(《夜趣斋读书录》第120页,河北教育出版社,2005年),此次重印的《松柏长青馆诗》中即收有此序。杨树达《积微翁回忆录》中有"翻阅《闽方言》二种,录《闽语》。叶俊生《闽方言》录讫"的记载(该书第391页,上海古籍出版社,1986年),杨树达读书极苛,能抄录叶长青书,亦可说明此书的价值。

　　《石语》说叶长青"先世数代皆短寿",来自《年谱》中"长青以家世不寿"一语,而《年谱》经过叶长青补订,可见此语并不唐突。《石语》所谈诗人诗事,绝大多数可从《石遗室诗话》及《诗话续编》中得到索解。此次《松柏长青馆诗》重印,可助读者从多方面理解钱锺书《石语》的真实性,钱锺书所记或有个人情感在其中。《石语》虽是旧稿,但公开出版时,所涉人物无一存世,其真实性也无法对证,对研究者来说,今后遇《石语》人事，应多参考旁涉相关文献，当是切近真实的一种方法，这或许也是重印《松柏长青馆诗》的另一种意义吧。

# 钱锺书与陈寅恪晚年诗文争论之关系

陈寅恪晚年诗文争论发生在1984到1985年间，地点是香港《明报月刊》，争论双方为时在美国的余英时和时在广州的刘斯奋（当时署名冯衣北），争论过程向为学界熟知，此不具论，本文仅对钱锺书与此争论的关系做一推测。

香港《明报月刊》当时内地一般看不到，多数人知道这场争论发生是在1986年7月以后，当时花城出版社将争论文章结集为《陈寅恪晚年诗文及其他——与余英时先生商榷》公开出版。因为当时信息传播手段尚属传统时代，论争双方对彼此真实背景缺少了解，所以难免猜测。余英时后来许多文章提及此事，似嫌求之过深。从目前已公开披露的史料判断，这场争论在很大程度上难说是一场有意组织的批判活动，而是由个人兴趣巧合引发的一次争论。从时代背景观察，当时是中国社会的开明时期，是典型的"八十年代"，发生批判活动的时代条件难以成立。

一般认为争论起源的关键人物是胡乔木,但目前我们在有关胡乔木研究中还没有发现关于此次争论的相关回忆或原始文献,比如具体批示、文件等,只能间接依赖零散史料来判断这场争论。如果这场争论是有组织或有预设的批判活动,它应当发生在内地,文章应当刊在内地主流报刊,以中国政治运动起源的一般逻辑推测,也应当有会议记录或上传下达的通知及文件一类史料存世,但目前还没有发现此类文献。

刘斯奋2015年10月29日接受《中华读书报》记者采访,说此事是因为他父亲刘逸生给他看了当时的《明报月刊》,而这期《明报月刊》是时任国务院港澳办顾问王匡从北京带回的,本想请刘逸生写文章反驳,但他已没有精力写,问刘斯奋是否愿意,刘斯奋觉得反驳并不难,便答应下来。刘斯奋回忆说:"由于我当时只是个无名之辈,文章写成便交给我父亲代转,对于王匡其实是向胡乔木请缨,同时此事还涉及钱锺书先生等情节,我是事后才知道……文章发表之后,始终未见有参与论辩的文章出来。倒是钱锺书先生曾致信王匡先生,认为'刘文甚好'。"刘斯奋在这次采访中还提到,1988年在广州参加"纪念陈寅恪教授学术讨论会"的季羡林同意他的意见,并告诉了他当年北平学人撤离的一些旧事逸闻。

依刘斯奋回忆,我们知道此事是王匡在胡乔木处看到《明报月刊》并谈起文章曾引起种种议论，答应回广州组织文章回应余英时。王匡是高官，但本人文史修养很好，胡乔木和他谈论陈寅恪旧诗，自在情理中。1962年胡乔木曾在广州见过陈寅恪，留下那段关于陈著出版"盖棺有期，出版无日"和"出版有期，盖棺尚远"的答问，胡乔木对余英时文章有看法，按常理一定先在北京找人回应，没有合适人选，恰好遇到王匡来访，才有后来冯衣北的文章。余英时后来回忆说，1983年底，中国社科院有位明清史专家访问耶鲁大学，这位专家曾向他索阅《明报月刊》，余英时说："在他访美前，社科院院长胡乔木曾有意让他出面写反驳我的文章，只有在他应允以后才能将那两期的《明报月刊》交给他。他婉拒了这一任务，因此也失去了读我原文的机会。"（《陈寅恪晚年诗文释证》第14页，台湾东大图书公司，2011年）余英时在本书中还透露，说《明报月刊》的编辑告诉过他，当时刘斯奋的文章均是通过新华社香港分社转交的，转交前还曾在北京周转过半年。

如所周知，胡乔木本人对旧诗和新诗均有兴趣，他当时和钱锺书关系也近。余英时回忆1978年来中国大陆访问，在社科院座谈会上谈《红楼梦》研究，曾当场听到钱锺书说"乔木同志"的意见如何如何（同上书第18页），可推测胡乔木和钱锺书的交往，自然有可能聊过《明报月刊》的事，并有意让他来写回应文章。因 1978 和 1979 年，余英时在北京和美国已两见钱锺书并时有书来信往，钱锺书自然不可能再写文章和余英时商榷。在胡乔木看来，回应余英时，再没有比钱锺书更合适的人选了，可惜钱锺书未能满足胡乔木的愿望，这才有王匡约刘逸生这回事。刘斯奋说"涉及钱锺书先生等情节"以及后来钱锺书还致信王匡认为"刘文甚好"，恰说明钱锺书了解此事的前因后果。汪荣祖《槐聚心史》中有一处提及此事。1988年 6 月，他在广州参加纪念陈寅恪的学术会议后到北京见钱锺书，汪荣祖说："钱先生垂询广州陈会经过后，谓陈先生不喜共产党，瞧不起国民党，既有遗少味，又不喜清政府，乃其矛盾痛苦之所在，并重申前说。我问冯衣北究系何人，答称据知冯原姓刘。"（见该书第 13 页，台大出版中心，2014 年）虽然汪荣祖见钱锺书在《陈寅恪晚年诗文及其他》一书出版后，但此书当时影响有限，而钱锺书答汪问甚详，足证他明白此事内幕。刘斯奋说钱锺书曾在致王匡信中认为"刘文甚好"，虽仅此一言，可知钱锺书给王匡写过信，而以往我们未见钱王有何交往，钱致王信，说明他确与此事有关联，而刘斯奋见过此信。今天学界传言，钱锺书信已落入广州一收藏家手中，可惜一般人还无缘得见。

　　此事发生近半个世纪，已属历史事件。胡乔木、王匡和钱锤书也已故世多年，他们生前没有留下相关回忆（至少没有公开披露），所以追踪一切与此相关的史料线索，为以后中国当代学术史写作奠定史料基础，还不能说没有意义。

# 钱锺书的趣味

《容安馆札记》，自有"视昔犹今"释读本后，常常翻阅，感觉妙趣横生。时见钱锺书说，趋炎好色，人之常情。三页五页，即见男风女色、妓女相公史料出现。钱锺书、陈寅恪均博闻强识，雅人深致，他们又好读野史笔记，喜观淫书春画，或谓"低级趣味"，其实大俗大雅。陈寅恪《论再生缘》起笔即说"寅恪少喜读小说，虽至鄙陋者亦取寓目"。中国现代大学者中，钱陈最喜读小说，也最得意自己的创作。钱陈素喜在学术著作中展现自己的旧诗，陈寅恪不说了，钱锺书在《容安馆札记》中也经常抄录自己的旧诗。在他们笔下，文体已至自由境界，想怎么写就怎么写。《柳如是别传》可当传记看，亦可作小说读。《容安馆札记》也如此，期间有钱锺书的家事，有对各类人物的品藻，更有对自己处境的感叹，是钱锺书的回忆录，更是钱锺书的自叙传。《容安馆札记》不是随手摘录的读书笔记，而是经细密思考的精心结撰，他所有中文笔记大体可作如是观。

钱锺书"东海西海，心理攸同"观念非常鲜明，读书凡遇东西方同类或异类事，无论思想、行为、原理、观念、器物等等，均能取比较方法，详列大量具体史实，无论雅俗，俱见钱锺书趣味。

《容安馆札记》第220则有两处阅读"娄卜古典丛书"记录，涉及好几位古希腊作家。钱锺书留意书中"淫具"史料，他摘录原文指出"the scarlet baubon"即中国古书《玉房秘诀》中所谓"以象牙为男茎而用之"，再引《京本通俗小说》第21卷所谓"牙触器"并强调"特制之以革耳"，指出西人"亦论羊皮所制伪具"，并引原文举例说"伪具则以玻璃为之，中空盛热水"，亦均以革制。钱锺书思考逻辑是人类在多数事物上想象力是相同的，也即思维有趋同性，大到政治制度，艺术规律，小到日常生活的各类琐事。钱锺书说，西人所谓"用胡萝葡代男根"，《古今谈概》卷五《罗长官》条中也有记载，同时提示了霭理士《性心理学》中的材料。犹记三十年前，刘梦溪先生主编《中国文化》创刊号上，曾刊吴晓铃先生名文《缅铃考》，吴先生提到的材料，钱锺书均省略，特别是《金瓶梅》中的材料，可见他心思细密，常见史料一般不引。今日所谓"情趣用品"，已不再神秘，其制造原理及思维方式，也不出原始思维方向，均是古已有之。

《容安馆札记》第36则有一处，钱锺书抄录屠绅《六合内外琐言·皮女》条，说"海客出一皮女，嘘气满腹，自执壶行觞"，并说缪艮《文章游戏》初集卷二徐忠《行室记》写此事刻划尤细，谓出自番舶，而《旷园杂志》记西洋海客最早提到"路美人"。同时抄录梁章钜《浪迹丛谈》卷五史料，说雍正时，吴德芝《天主教书事》曾记"工绘画……烟云人物……倮妇人肌肤、骸骨、耳目、齿舌、阴窍无一不具，初折叠如衣物，以气吹之，则柔软温暖如美人，可拥而交接如人道，其巧而丧心如此。"又引许起《珊瑚舌雕谈初笔》卷七"修人匠"条，说"泰西巧匠令丑妇裸体，将一物如皮如纸浑身包裹，卸而卷之，如束笋"。中国古书之"皮女"即今之"充气娃娃"。钱锺书原文引一位法国作家及其他相关史料后，又抄录汪康年《庄谐选录》卷八史料，说"荷兰人制造机器率平常，惟淫具则精工，专制者数家，有直为一人形，与真人无稍殊，但不能语耳。俄国某福晋淫而寡，属造一男子，须每度至二十四钟乃止者，厂中人大怪之，利其多金，如是制造，精巧无比。匣盛寄俄，道过法国，关吏开匣，以干禁令，呈总办。总办妻见之，意怦然动，携归，合户试之，初甚畅适，渐不能支，大声呼救。从人排闼入，悉力拔之，不能脱。夫归亟电制造厂，得回电云：'有动法，无止法，二十四点钟后，机力自竭也。'电达，妇已力脱而毙，机犹腾踊不止。二十四点后，乃得盛敛"。钱锺书生性幽默，抄录后说"附识之，亦笑资也"。此即今日之"性爱机器人"来源。

钱锺书在同一史料处，还大段原文抄录意大利小说家托马索·兰多尔菲《果戈理的妻子》中关于"皮女"性爱的描写，再引《哈拉普俚语辞典》及英国作家劳伦斯·达雷尔小说中同类史料，足见钱锺书对此长期留意并有他独特观察视角。今天"充气娃娃"和"性爱机器人"早已不是天方夜谭，忽见钱锺书早年关于此类事的记载，除感觉他的风趣外，也对人的想象力扩展更多了一点理解。

# 钱锺书的学术联想力

钱锺书博闻强识，同时有瞬间将相同或相异事物建立关系的能力，无论制度、器物、观念、心理现象或艺术规律等等，钱锺书均有将同异事物汇聚一处进行观察的兴趣，这种学术联想力是理解钱锺书的关键，不然我们阅读他晚年庞大的读书笔记，就以为只是抄书而已。钱锺书不是抄书，他是归类，他是同中发现异，异中发现同。

学术联想力是学者最宝贵的能力，这种能力瞬间产生，无规则可寻，产生即完成，以后只是再加减的过程。学术联想力的基础自然是博闻强识，但关键是联想力，机器可以在相当程度上替代单纯的记忆，但联想力唯人独有，尤其是在那些表面看起来没有关系而实际是同异现象或同异器物的东西面前。今天人们对钱锺书的赞誉，不单是赞赏他记忆超群，更是钦佩他超强的学术联想力。

钱锺书从青年时代起，对一切由西方初来中国的事物都产生兴趣，他努力要寻找到某一事物最早是何时来中国的，中国何种文献最早记录了它们。钱锺书关心过梅毒、鸦片何时传到中国，也特别留意中国旧诗里何时出现了英文词汇；钱锺书专门写长文考证过美国朗费罗《人生颂》最早在中国的传播。他对照相机、留声机、眼镜等影响中国人日常生活的器物何时传到中国都特别留意。李克夫妇在他们的回忆录里说，1952年在思想改造运动高潮中，钱锺书不开会，不参加学习，而是整天在图书馆看书，那时他最快乐的是找到了番薯在中国的最早记载（参阅《两个美国间谍的自述》，群众出版社，1958年）。在别人可能是学术追求，在钱锺书更多是一种智力活动，这是他博览群书的主要动力。超强的联想力构成钱锺书学术活动的基本特色，他思维活动的趋向不仅仅是比较，更是努力追寻人类活动中表现出的完全相同或相异的思想能力。

《容安馆札记》第51则里，钱锺书注意到早期照相机和留声机在中国传播造成的一个相同现象，即中国画师及和尚对这两种西方器物的恐慌，画师怕照相术让自己失业，而和尚担心留声机让念经没有意义。钱锺书喜读汪康年《庄谐选录》，关于留声机名称最早即在此书中出现。原文是：

留声机器

留声机器初至沪上，或置诸市，赁人观听。一僧随众听之，其声了了，与人声无异，僧以为大戚。归寺，聚其徒谓曰：吾佛子自今当断种矣。咸骇问故，僧遂述所见，且曰：既有是器，则诸檀越欲唪经者，但需请高僧诵一遍，著此器中，即数十百年用此不尽，若人人如此，则吾属皆将饥饿以死，而佛教将从此绝迹，是灭佛教之起点也，将何策救之。于是徒众咸愤激，或献一策曰：宜普告诸寺，凡僧人不得对此器诵经，则凡欲唪经者，仍需延我辈，无伤也。咸抚掌称善，后不知行否。余谓此虽过虑，然余辛卯寓鄂时，见有娶妇者，不设音乐，而置八音匣于堂中以娱宾客。然则此僧亦岂过虑耶。（汪康年《庄谐选录》第148页，台湾新文丰出版公司，1978年）

《容安馆札记》未引全文，钱锺书只是比较照相机传入中国后引发的一些现象，感叹"可与画师之叹摄影参观"。对新器物传入最敏感的总是与此器物本质功能具同一原理的群体。

《庄谐选录》直接用了"留声机器"名称，而更早些时候，张荫桓在《三洲日记》里也记载了一种特殊器物，不过他没给这个器物命名。钱锺书非常熟悉《三洲日记》（著作中经常引用此书），但关于这种特殊器物的记载，却没有引起他特别注意。

《三洲日记》在光绪十二年五月二十二日甲寅（1886年6

月23日）有这样一条记载：

> 鸟约富人阿边好博，其子好冶游，另赁华庑以居，忽一夕，阿边与阿洛对局而胜，得采二十万元，阿洛无现资，书券限三日交银。翌日阿边寻其子新居，阿洛尾之，阿边父子诟詈甚激，其子贸贸焉径附火车赴费城去。阿洛突入，索阿边还其债券，阿边愤甚，诋之不虞，阿洛手刃相从也。阿边被刺，阿洛即从阿边夹衣内检债券裂之，自掩房门而去。房主人妇闻诟詈，知其父子不能相能，晡时无动静，乃推门入，见阿边被刺于榻，仓卒报官。差拘其子，人证凿凿，其子遂抵罪。

这个案子本已了结，但忽然节外生枝。它的被推翻则是因为一种特殊器物的出现，张荫桓在日记中接着记述道：

> 忽有人名多士，手携一机器至公堂，一触而动，当日阿边父子相詈之声、其子出门步行之声、阿洛开门与阿边诋讪之声、阿边被刺呼痛之声，阿洛将刀拔出用纸抹刀之声，一一传出，于是问官，乃知杀人者阿洛也，乃宥其子，别执阿洛。此种冤狱，赖此机器平反，异矣。盖多士本与阿边之子隔壁住，是日正将传话机器试用，适阿边来寻其子，喧嚷不堪，多士虽遂扃钥房门，信步他往，欲俟声息稍静乃返，忘却窒止机轮，乃回房而机动如故，所传悉阿

边父子相詈、阿洛行凶之声情，及闻阿边之子定狱，因携此机器至公堂为之昭雪。（任青、马忠文整理《张荫桓日记》第31页，上海书店出版社，2004年）

张荫桓日记中记载的"传话机器"，应该就是"留声机器"即后来的录音机。

钱锺书晚年的学术笔记，不是常规意义上的读书摘录，而是包含了他全部学术联想力的一部集大成巨著，他以丰富的学术联想力，提供了大量原创的学术线索，有他这样智者的引领，中国学术的宝库一定会越来越丰富。

## 钱锺书的儿童观

《围城》是一部奇书，它要义是在写中国人身上的缺点或者说人的"基本根性"。钱锺书笔墨无情，总是越出常人观察视角。《围城》基本没有写人美好善良的那一面，他着意的是人身上的"兽"性和"鬼"性，钱锺书早年将自己一册小说集起名《人·兽·鬼》，不是偶然的，有深刻寓意在其中。因为"兽·鬼"意识的自觉和强烈，《围城》里的笔墨，有时看起来颇不近人情，他下笔的犀利和讽刺的锋芒，绝不同于一般作家。写《围城》的时候，钱锺书已是做了父亲的人，但《围城》凡涉儿童描写，他所用笔墨有时候却难以让人接受，他何以要用这样一种笔墨来写"小孩子"？他不爱小孩子吗？他不爱小男孩儿吗？这是需要研究钱锺书心理和人格时需要留意的。钱锺书对中国传统家庭教育和小孩子的成长环境持完全批判态度，他写中国小孩子的时候，实际上有一个西方小孩子教育和成长背景作参照。

《围城》第一章，在回国的船上，苏文纨出场前，钱锺书第一次提到甲板上只看得见两个中国女人，他对同时出场的一个小孩子用了特殊的比喻"一个算不得人的小孩子——至少船公司没当他是人，没要他父母为他补买船票"。小孩子随大人旅行，不买票是常识，钱锺书用了轮船公司的逻辑，人要买票，不买票即不是人。1938年夏天，钱锺书回国时带着一岁多的女儿，在和轮船公司打交道的经历中，或许留下了不愉快的经历，这也是钱锺书对资本家试图想尽一切办法多赚钱的另外一种讽刺笔墨，言外之意是轮船公司恨不得连小孩子也要收钱的。这个笔墨的比喻可能会伤及儿童，但钱锺书为了讽刺效果，也顾不得其他了。钱锺书描写这个小孩子：

> 孩子不足两岁，塌鼻子，眼睛两条斜缝，眉毛高高在上，跟眼睛远隔得彼此要害相思病，活像报上讽刺画里的中国人的脸。他刚会走路，一刻不停地要乱跑，母亲在他身上牵了一条皮带，他跑不上三四步就给母亲拉回来。他母亲怕热，拉得手累心烦，又惦记着丈夫在下面的输赢，不住骂这孩子讨厌。这孩子跑不到哪里去，便改变宗旨，扑向看书的女人身上。（《围城》第3页，人民文学出版社，1991年）

然后写小孩子的淘气和苏小姐害怕小孩子弄脏自己的衣

服，小心地握住小孩子的手，笔墨是由人性的暗处观察，完全没有平常大人看到小孩子的快乐，而表现大人表面的欢喜和实际的嫌弃。钱锺书笔下小孩子没有漂亮的，都很丑。

《围城》第四章写方鸿渐回乡，见到弟弟的孩子，钱锺书写道：

> 这阿丑是老二鹏图的儿子，年纪有四岁了，下地的时候，相貌照例丑的可笑。鹏图还没有做惯父亲，对那一团略具五官七窍的红肉，并不觉得创造者的骄傲和主有者的偏袒，三脚两步到老子书房里去报告："生下来一个妖怪。"（第119页）

受到父亲的批评后，方鹏图解释道："那孩子的相貌实在丑——请爸爸起个名字。"方父反倒说："你说他长得丑，就叫他'丑儿'得了。"接着钱锺书写方父想起《荀子·非相篇》，说古时大圣大贤的相貌都是奇丑，便索性给孙子起个学名叫"非相"。钱锺书借方鹏图口说："人家小儿要易长育，每以贱名为小名，如犬羊狗马之类。"钱锺书接着开列一长串古人小名，说司马相如小字犬子，桓熙小字石头，范晔小字砖儿，慕容农小字恶奴，元叉小字夜叉，更有什么斑兽、秃头、龟儿、獾郎等等。从文学叙述观察，钱锺书在小说次要人物小名方面不惜笔墨，一面显示他的博学，一面可能暗含了他对许多大人物的一种评价，也是一种轻蔑，间接传达一种讽刺意味。栾贵明《小说逸语——钱锺书〈围城〉九段》中说，钱锺书提到的这些奇特丑怪小名，其实都是历史真人的真实小名，斑兽是南朝宋战将刘湛，秃头是晋朝的慕容拔，龟儿是唐代白行简，獾郎是王安石（《小说逸语》第29页，新世界出版社，2017年）。

《围城》写褚慎明自夸和罗素熟悉，钱锺书说："褚慎明跟他亲狎得叫他乳名，连董斜川都羡服了，便说：'你跟罗素很熟？'"（《围城》第95页）陈寅恪著作中提到古人，也喜称小名，凡熟悉陈寅恪著作的人可能都有感觉，他称谢灵运为客儿，庾信为兰成，司马相如为犬子，王导为阿龙，曹操为阿瞒等等，如细检陈书，或可开列一份长长的名单。知人小名，多从读杂书中来，留下记忆，表明有点幽默和调皮，大学者多有此种趣味，可显读书之杂之博，又见机巧和才智。

《围城》第五章写方鸿渐往三闾大学途中经历，在"欧亚大旅社"里，钱锺书有一个细节描写：

> 这时候，有个三四岁的女孩子两手向头发里乱爬，嚷到那胖女店主身边。胖女人一手拍怀里睡熟的孩子，一手替那女孩子搔痒。她手上生的五根香肠，灵敏得很，在头发里抓一下就捉到个虱，指死了，叫孩子摊开手掌受着，

陈尸累累。女孩子把另一手指着死虱,口里乱数:"一,二,五,八,十……"(第162页)

这次虽是小女孩,但钱锺书的笔墨也不留情,也是从丑一面着笔。到了《围城》第七章,方鸿渐和赵辛楣进了刘东方家:

这女孩子看见姑母带了客人来,跳进去一路嚷:"爸爸!妈妈!"把生下来才百日的兄弟都吵醒了。刘东方忙出来招待,刘太太跟着也抱了小孩子出来。鸿渐和辛楣照例说这小孩子长得好,养得胖,讨论他像父亲还是像母亲。这些话在父母的耳朵里是听不厌的。鸿渐凑近他脸捺指作声,这是他唯一娱乐孩子的本领。刘太太道:"咱们跟方——呃——伯伯亲热,叫方伯伯抱——"她恨不能说"方姑夫"——"咱们刚换了尿布,不会出乱子。"鸿渐无可奈何,苦笑接过来。

那小孩子正在吃自己的手,换了一个人抱,四肢乱动,手上的腻唾沫,抹了鸿渐一鼻子半脸,鸿渐蒙刘太太托孤,只好心里厌恶。辛楣因为摆脱了范小姐,分外高兴,瞧小孩子露出的一方大腿还干净,嘴凑上去吻了一吻,看得刘家老小四个人莫不欢笑,以为这赵先生真好。鸿渐气不过他这样做面子,问他要不要抱。刘太太看小孩子给鸿渐抱得不舒服,想辛楣地位高,又是生客,不能亵渎他,便伸手说:"咱们重得很,方伯伯抱得累了。"鸿渐把孩子交还,乘人不注意，掏手帕擦脸上已干的唾沫。辛楣道："这孩子真好，他不怕生。"刘太太一连串地赞美这孩子如何懂事，如何乖，如何一觉睡到天亮。孩子的大姊姊因为没人理自己，圆睁眼睛，听得不耐烦，插口道："他也哭，晚上把我都哭醒了。"（第259页）

所写全是小孩子的麻烦事和淘气，全是小孩子令人烦的那些事，笔墨间流露的是一种不能明言的厌恶和不得已。

《围城》最后一章写两个侄儿阿凶、阿丑和方鸿渐吵闹情景，注意小孩子的名字"阿凶、阿丑"，这可以说是钱锺书对小孩子的基本看法"凶"和"丑"，他写道：

> 阿丑爬上靠窗的桌子，看街上的行人。阿凶人小，爬不上，要大伯伯抱他上去，鸿渐算账不理他，他就哭丧着脸，嚷要撒尿，鸿渐没做过父亲，毫无办法，放下铅笔，说："你熬住了。我挽你上楼去找张妈，可是你上了楼不许再下来。"阿凶不愿意上去，指桌子旁边的痰盂，鸿渐说："随你便。"（第315页）

接下来写这两个侄儿的淘气，也是直指人性顽劣的那一面，并没有因为是两个小孩子，钱锺书就收敛了他的讽刺笔墨。钱锺书对中国传统教育小孩子的态度，可能比较反感，那种一面纵容，一面又是所谓的严教，导致了一种从小到大的虚伪。钱锺书直接把这一面撕开，不仅需要笔墨的智慧，描写中不能过多流露对小孩子的恶意；更需要内心的勇气，要鲜活地把成人对小孩子态度中虚伪的那一面揭开。方鸿渐是个未做父亲的青年，他对小孩子的态度，不妨也看成是对一种礼教制度的反叛和嘲讽，是另一种"救救孩子"的呼声。

# 《容安馆札记》所见钱锺书传记史料

《容安馆札记》印出后，因是原稿影印，从头至尾集中细读，颇感费力。近年网上有"视昔犹今"释读本完整出现，使用极为方便。《札记》公开出版后，曾有王水照先生长文解读，亦时见范旭仑先生《容安馆品藻录》刊出，其涉及人事处，多有摘录及评点，但集中将《札记》中钱锺书传记史料一一摘出，似未曾见。

《札记》可视为一种特殊文体，不是一般随手摘录，而有细密思考，笔记前后照应，下笔定有通盘考虑。可以猜测，在特殊时代条件下，钱锺书深思过写作时采用的文体，如此连续不断的系统笔记，如无完整构想，很难坚持下云。杨绛曾说过，《札记》是把"读书笔记和日记混在一起"，此可视为一种新文体。钱锺书的构想，后因时代政治运动原因，日记部分被"剪掉毁了"，但没有完全剪除干净。现将《札记》中文部分涉及人事及有传记史料性质文字，稍作梳理。

对人物评价，已有范旭仑钩沉，略去不录。这些片断传记史料，可见钱锺书风趣、褒贬及对荒谬时代的嘲讽等等，集中排列，更易见史料间关系。顺序依原书先后，标题为笔者自拟，原文后序号系原书位置。

1、工部局图书馆

Frederick Locker-Lampson，Patchwork，书甚罕遘。十年前在沪，曾假工部局图书馆藏本阅之。（47则）

2、读《饮水诗集》

纳兰容若《饮水诗集》二卷。十年前读此，颇赏其吐属高华。今复披寻，乃知徒矜亮节，实少切响，不耐吟讽。（77则）

3、说翻译

岳珂《桯史》，十七年前旧经眼者也。文词茂炼，盖矫然自异于寻常笔记……解放以后，译书之风益盛，不知妄作，活剥生吞，不特面目全非，抑且心肝尽换，洵元之所谓"大译"者也。（84则）

4、谈猫

忆三年前一夕梦与人谈《未之有也》诗，其人曰："茅盾译Lord Dunsany剧本'well-dressed, but without hat'一语为'衣冠端正，未戴帽子'，此诗即咏其事，末句兼及君家小猫儿念佛也。"醒而思之，叹为的解，真鬼神来告也。以语绛及圆女，相与喜笑。时苗介立生才百日，来余家只数周耳。去秋迁居，夺门逸去，大索不得，存亡未卜，思之辄痛惜。（97则）

5、钱瑗

闻邻家小女歌云："小脚鸭子窝窝头，你不吃，就是狗。"余闻之，谓圆女曰："此非民谣，必主妇恶女佣之不肯食粗粮，作歌以讽喻耳。"圆女谓北京嘲小脚有谜云："又像佛手又像桃，又像猪蹄子没有毛。"（102则）

6、再谈猫

钱葆龢、朱竹垞、厉樊榭辈以《雪狮儿》调咏猫诸词……读之悯然，怅念儿猫。四年前暮春貍奴初来时，生才三月耳。饱食而嬉，余与绛手足皆渠齿爪痕，倦则贴人而卧……余谓猫儿弄绺纸团，七擒七纵，再接再厉，或腹向天抱而滚，或背拱山跃以扑，俨若纸团亦秉气含灵、一喷一醒者，观之可以启发文机；用权设假，课虚凿空，无复枯窘之题矣。志明《野狐放屁诗》第二十七首云："矮橙阶前晒日头，又无瞌睡又无愁。自寻一个消闲法，唤小猫儿戏纸球。"尚未尽其理也。余记儿猫行事甚多，去春遭难，与他稿都拉杂摧烧，所可追记只此及第九十七则一事耳。（165则）

### 7、李拔可

李拔可丈《春尽遣怀》云："不经风雨连番劫，争得池塘尽日阴。"对仗动荡，语意蕴藉，余最赏之。（178 则）

### 8、《人民日报》

余一九三六年夏始游巴黎，行箧未携英文小说，偶于旧书肆见 Diary of Nobody，忆在 Hugh Kingsmill, Frank Harris 中睹其名，始购归阅之，叹为奇作，绛亦有同好。一九四〇年，此书收入"Everyman's Library"，而 V.S. Pritchett 复作文张之……John Betjeman 谓 T.S. Eliot 亦喜此书……知者稍多矣。近日圆女方取读，因复披寻，益惊设想之巧。世间真实情事，胥不能出其范围……Ch. V 记 Blackfriars Bi-Weekly News 误植"Pooter"为"Porter"，去函更正，则又误作"Pewter"，与吴达元见《人民日报》载教授宣言签名误作"吴逵元"，去函更正，则又误作"吴达之"何异？（192 则）

### 9、文学工作者

吾乡光复门内有"牛屎弄"，及余入大学时，偶过之，则见路牌书作"游丝弄"矣。《夜航船》卷三《脱雅调》条误用："'由斯弄'俗称'牛屎弄'。"其本末倒置，不知此正"脱俗调"也。明陆粲《庚巳编》卷四"苏城'专诸巷'俗叫'钻龟巷'"，亦后先易位。北京坊巷名此类尤多，以余所知，如"狗尾巴胡同"

之改"高义伯胡同"、"羊尾巴胡同"之改"杨仪宾胡同"、"王寡妇胡同"之改"王广福胡同"、"羊肉胡同"之改"洋溢胡同"、"劈柴胡同"之改"辟才胡同"、"奶子府"之改"乃兹府"、"王八盖胡同"之改"万宝盖胡同"、"牛蹄筋胡同"之改"留题迹胡同",皆欲盖弥彰,求雅愈俗。尤奇者,"臭尿胡同"西四之改"受璧胡同",几如"文学家"之改称"文学工作者"矣。(201则)

10、钱瑗

圆女方阅《野获编》,十年前经眼者也。信手撷一函读之,如旧地重来、故物复还。以古语叙事,典雅而能详切。(203则)

11、三谈猫

吾国亦有猫认屋、狗认人之说。元遗山《游天坛杂诗》有《仙猫洞》一首自注:"土人传燕家鸡犬升天,猫独不去。"因云:"同向燕家舔丹鼎,不随鸡犬上青云。"正咏此事。吾家苗介立之亡,亦其证也。(328则)

12、审定《红楼梦》

俞平伯校订《红楼梦》稿,分同人审订,余得第七十一回至八十回,盖以有正书局本为底本,荟萃诸本,笔削增删,意在集千狐之腋,成百衲之衣。择善从长,固证手眼;而见异思迁,每添疮痏。如七十五回,"你们这起兔子,就是这样专没上水",

平伯订正"没"为"泆"字；七十九回，"若论心里的邱壑泾渭，颇步熙凤的后尘"，平伯据别本改"泾渭"为"经纬"，此类皆惬心贵当。（599 则）

13、胡先骕《忏庵诗稿》

阮大铖《咏怀堂诗》，南京国学图书馆印本。三十年前，是书方印行，见散原、太炎诸人题词，极口叹赏，胡丈步曾复撰《跋》标章之。取而讽咏，殊不解佳处安在。今年端午庚子以诗稿六巨册属删定，忽忆集之此书，因复披寻，乃知得法于钟、谭（参观第六九〇则），而学殖较富，遂以奥古缘饰其纤仄，欲不瘦又不俗。（697 则）

14、编《文学史》

校改同人撰《文学史》稿，因思汉乐府《上山采蘼芜》一首，古今说者皆未中肯綮。此篇写喜新厌旧分两层：第一层指故人言，其事易晓；第二层指新人言，则窥见者鲜矣。盖新人入门以后，相习而成故；故人出阁以后，缘别而如新。是以新渐得人嫌，而故能令公喜。（705 则）

15、编《文学史》

同人撰《文学史》稿，索予删订，因复取郭元釪《全金诗》翻一过，殊未完善。（719 则）

16、编《唐诗选》

诸君选注唐诗，强余与役，分得王绩等十七人，因复取《全唐文》温读一过，合之十年前评释，录于此。（729则）

17、生病

丙午正月十六日，饭后与绛意行至中山公园，归即卧病，盖积瘁而风寒乘之也。嗽喘不已，稍一言动，通身汗如濯，心跃然欲出腔子。《明文授读》卷十五李邺嗣《肺答文》云"风自外干，涎从内塞"，"未发云云，辄闻喀喀"，"积邪大涌，蕴逆上溢"，"胸椎欲穿，背笞不释"，不啻为我言之。如是者十二日，始胜步武，杖而行于室中。今又一来复矣，仍殗殜无生意，杜门谢事。方疾之剧，如林黛玉临终喘甚，"躺着不受用，扶起来靠着坐坐才好"（《红楼梦》九十七回）。每夜劳绛卧起数回，真所谓"煮粥煮饭，还是自家田里的米，有病还须亲老婆"（冯梦龙《山歌》卷五）也。昔王壬秋八十老翁终日闷睡，自云"有林黛玉意思"（《湘绮楼日记》民国四年九月廿四、廿五日）。余今岁五十七，亦自拟平儿呻吟气绝状，皆笑枋耳。病榻两梦圆女，渠去年八月赴山右四清，未返京度岁。二月初六日书。起床后阅《楚辞》自遣，偶有所得，率笔之于此。（761上则）

## 18、谜语

贾琏之诃平儿,即英俚语之"cock-chafer-teaser"……余尝戏谓此三句可为谜面,打《论语》二句:"阳货欲见孔子,孔子不见。"(798中则)

## 19、记张遵骝

吾友张君公逸遵骝,与吾同患气疾,相怜甚而相见不数数。然见必剧谈,虽伤气,无所恤也。君博究明人载籍,又具史识,搜罗而能贯串焉。余闻言辄绝倒,改易耳目,开拓心胸,亦浑忘其伤气矣。一日问余曰:"明末有奇女子刘淑,倘知之乎?"曰:"不知也。"曰:"刘名挂君乡孙静庵《明遗民录》中,其书君先人尝序之。"因出示此集,盖虽六十年间一再印行,而若存若亡,去湮没无几尔。古来不乏才媛以词章名世,吕温诗所谓"自言才艺是天真,不服丈夫胜妇人"也。然集众千人,转战数县,提一旅以赴国难,而余事为诗,情韵不匮,则刘殆绝类离伦者乎!刘序康雪庵夫人诗,自道有"伯夷、灵均之志"。公逸以意逆志,钩玄抉隐,玩风花月露之词,得陵谷海桑之旨。参之史,而其诗愈重矣。(801则)

# 关于钱锺书的一则史料

今年三月间,我在南昌一家书店和读者见面,略谈了一点近年钱锺书研究的概况。交流过程中,南昌大学龚联寿先生告我一件事。龚先生说,师文华和他主编的《江西对联集成》(百花洲文艺出版社,2018年)收有张杰一副联语:"玄之又玄,不外老生常谈事;觉吾所觉,何尽天下古今书"(该书第1087页)。龚先生极热情,将原书此页复印一份给我。

张杰早年毕业于上海光华大学,后留在光华附中教书,曾和钱锺书住过同一宿舍。钱锺书研究中,关于张杰史料常见的是两条,一是钱锺书《中书君诗初刊》跋中曾提到,他印此书是"陈君式圭张君挺生怂恿";二是《槐聚诗存》有1938年诗《陈式圭郭晴湖徐燕谋熙载诸君招集有怀张挺生》。

《江西对联集成》中对张挺生的介绍是"张杰(1911—1974),字挺生,号拔群,信丰铁石口人。江西大学中文系教师"。关于此副联语的由来,书中提到张挺生的斋名为"玄觉室",他在光华附中教书时,"钱锺书先生亲笔为张杰的书斋'玄觉室'题斋名。回江西后,在匡庐中学赣州分校、大余中学、赣州知行中学、江西药科学校、江西大学等校任教"。了解张挺生情况,为日后笺证钱锺书旧诗提供了一个史源。

关于这副联语,《江西对联集成》系在张挺生名下,我在网上查阅,判断是一副自撰联语。联语巧用"玄""觉"起句,与斋名合为一体。张挺生1974年去世,联语来源,想是据张杰生前回忆资料记录,抑或来自别人回忆资料,记忆常有模糊,难免张冠李戴。钱锺书既为张挺生题斋名,撰联语似也不无可能。细品联语意味,感觉更近旁人口吻,当然这只是一点个人的猜测了。

# "风能进雨能进国王不能进"文体考

观念传播背后是知识体系和价值系统的形成与建立，观念传播的最好手段是故事，而故事的讲法即文体，佛教传播中这个功能最明显。陈寅恪讲唐代古文运动的兴起和小说起源，认为韩退之用古文作小说，在当时为"最便宣传，甚合实际之文体也"（《金明馆丛稿初编》第330页，三联书店，2009年版）。近二十多年来，"风能进雨能进国王不能进"一语，在中国流传甚广，西文掌故流行中土，此语可谓成功一例。据说，此语出于英国首相老威廉·皮特1763年在国会的一次演讲，题目是《论英国个人居家安全的权利》。演讲意思说，就是最穷的人，在他的小屋里也能对抗国王的权威。屋子可能很破旧，屋顶可能摇摇欲坠；风可以吹进这所房子，雨可以淋进这所房子，但是国王不能踏进这所房子，他的千军万马也不敢跨过这间破房子的门槛。后来这个意思被简化为"风能进雨能进国王不能进"一语，近二十年念大学的人，无人不知此语，它已成为中国知识。

此语在西方的知识源起，我不清楚，但它在中国的传播时间却可往前推很久，但我们过去的知识里没有这个观念，特别是大众不明白此语背后的价值，它成为中国知识，得益于时代观念的变革，得益于修辞技术，也是文体取胜一例，排比句层层递进，简单易记，但又突然转向，表达了两个意思，私产固有的尊严和君王也得守法。

汪康年《庄谐选录》里有一则"控君王"笔记，全文不长，俱录于下：

> 英女主维多利亚，一日乘船出游，偶登岸微行，忽遇风雨。见路旁一空舍，主人方扃房去。女主乃令侍者破扉入避雨。稍顷，主人归。女主因谢擅自开门之咎。主人曰：蒙君主辱临，乃民家之至荣。何敢劳谢。因出纸请曰：愿君主赐题名于此，以示宠幸。女主即为书名于纸而去。主人遽持以控官曰：女主身为国主，而身犯定律，请依律罚。官遂准其所请，令女主罚金畀主人焉（按此事在华人观之，必以为刁狡，然必须如此，方成为守法之国，不得斥为刁狡也）。（第2页，台湾新文丰出版公司，1978年版）

《庄谐选录》成书于1898年前后，汪康年是老辈读书人里比较有现代知识的。这个掌故直接用了"控君王"题目，就知识传播的准确性而言，似更合格，但这个观念却没有流行开来。老威廉·皮特的演讲，只是一种观念陈述，我猜测它的直接故事来源可能与"控君王"故事相关，因故事里的关键词是"风雨和君主"，恰合"风能进雨能进国王不能进"一语的推理顺序，原故事是君主未经主人同意进了民宅而最后为民宅主人略施小计获得证据，最后法官判赢，君主被罚赔偿。故事的主旨是君王也得守法。汪康年的感慨是"此事在华人观之，必以为刁狡，然必须如此，方成为守法之国，不得斥为刁狡也"，语气如此肯定，说明至少像汪康年这样的读书人已接受了"君王也得守法"这样的现代知识，这是文明知识成为中国观念的一个绝好例证。君王未经允许进了自己家里，在"普天之下莫非王土"的观念里，高兴还来不及呢，但"风能进雨能进国王不能进"却传达了另外一种文明。文明的传播如果找到合适文体，很容易流行，我们要感谢最早把这个故事意思简略为这一句话的人。

最后多说一句，钱锺书最喜《庄谐选录》，他的著作中时有引述。

# 私人油印诗集的评价问题

## 一、被遗忘的当代文学活动

本文所论中国大陆私人油印诗集，不包括港台及海外华人油印的诗集。时间大体涵盖两个时期，即1950—1966年、1976—1989年。这是两个私人油印诗集的高发期，本文主要讨论第一个时期的私人油印诗集。

一般来说，文学史的选择标准是"好"和"重要"。所谓"好"是作品达到公认的审美标准，满足我们通常认为的优秀标准；所谓"重要"是指作品在审美标准上虽有欠缺，但在文学史认为的重要文学事件中有标志作用，通常是指在某一文学史的起止时间或文学史主要思潮中具有标杆意义。以中国新时期文学为例，伤痕文学时期的作品，如《班主任》《伤痕》《枫》《乔厂长上任记》等，今天若以审美标准判断，多有不足，但不影响它们在文学史上的地位，因为这些作品"重要"；还有一些作品如《受戒》《大淖纪事》等，在文学活动中似乎并没有特别重要的标志意义，但因为它在审美上有重要价值，所以当代文学史也不会遗忘。

从文学活动的事实上观察，私人油印诗集的存在是一个不可否认的事实，但在中国当代文学史研究中，这个文学活动多数情况下是被遗忘了。遗忘的原因其实也不复杂，因为在很长时间内，中国当代文学史不关注旧诗的发展情况，新文学运动以来的习惯是旧诗不属于新文学，自然也就不会关心此类文学活动。同时私人油印诗集中似乎也没有产生一时引起全社会关注的作品，而且因为私人油印诗集的传播范围非常有限，没有形成标志性文学事件，所以在当代文学史研究中，基本没有它的位置。

新文学与旧文学的明显区别，除了当年胡适、周作人、陈独秀等对其内容所做的判断标准外（如言之有物、人的文学、贵族的文学等），它形式上的主要标志是白话，所以旧文学的形式，如诗词歌赋等文学作品，自然也就不进入"新文学"史。这个传统延续很久，近年才稍有改变。完全以形式判断文学的新旧，内含了一个自设的矛盾，即旧形式无论表达了何种先进时代精神，都不进入"新文学"史，而新形式无论表达了怎样落后的时代精神（如许多颂圣的新诗和小说），也会进入"新文学"史。这里涉及判断文学的标准是以精神还是以形式为尺度的问题，当代文学史传统，以形式至上为选择，而这个选择的最大困境是会把真实的文学活动简单化，同时遮蔽许多重要的作家和作品。1949年后，从旧时代来的大量文学修养极好的文人，依然在用旧诗形式表达真实的时代感受，在思想上达到很高程度，如陈寅恪的旧诗，它形式虽旧，但时代精神全新；同时代其他新文学形式在精神高度上，还无法与它相提并论。陈寅恪之外，这个群体的文学活动非常活跃，并且留下了大量的作品，它以私刻油印诗集方式流传。

旧诗入中国当代文学史，成为当代文学史的研究对象已不成问题。现在的问题是因为长时间遗忘，我们对这种文学活动的整体情况已缺少了解，尤其是私人油印诗集的流传和保存有较大难度，所以应当重视搜集私人油印诗集，尽可能还原当时的真实文学活动。公开出版和私人油印，只是不同传播方式问题，公开出版和私人油印的文学史意义应当是平等的，后者可能还更有特殊的地位。

## 二、私人油印诗集的价值

油印是印刷史上短暂的技术存在，在大规模现代印刷的空隙中，能有一段时间的活跃就是因为它的技术条件极容易满足私人行为，它的刻写方式和常规书写是一个规范，刷印技术也极为简单，只有蜡纸的获得需要专门技术，其他只是日常生活手段，所以它的流行多数情况下具有私密性，但又能有一个适度的传播范围。从一般技术条件说，油印的较佳效果是两百张左右，除去报废的情况，私人诗集的一般存量多在百册左右，如胡先骕《忏庵诗稿》存世不足百册，他送书给朋友们时，总要提醒不要外传，怕应付不过来。

郑逸梅在《几种油印书册》一文中说曾说："解放后，油印书册，反成为一时风尚。尤其诗文一类的作品，力求行式字体的古雅，往往不委托市上的誊写社，而请通文翰又擅写钢版的，自刻自印。"

郑逸梅在这篇文章中特别介绍了戴果园私刻油印诗集的情况，他说："上海文史馆馆员戴果园曾一度备着油印机，请他的同乡张仁友刻蜡纸。张仁友本人也能诗，一手小楷很秀逸，端正清朗，也不写简体字。印好了，用瓷青纸的书面，丝线装订，外加标签，非常大方雅观。友人见到后，都很欣赏，于是纷纷请他代为设计、刻印诗文集。"（《郑逸梅选集》第2卷第586页，黑龙江人民出版社，1991年）。

据郑逸梅讲，数年下来，戴果园私印的油印诗集即有他自己的《果园诗抄》、陈世宜《陈匪石先生遗稿》、秦更年《婴庵诗存》、何骈熹《狄香宧遗稿》、卢弼《慎园诗选》《慎园启事》《慎园诗选余集》、何震彝《词苑珠尘》、李释戡《苏堂诗拾》《苏堂诗续》（甲乙两种）、江恒源《补斋诗存》、陈声聪《兼于阁诗》、缪子彬《若庵诗存》、许效庳《安事室遗诗》、赵赤羽《海沙诗抄》、王巨川《两忘宧诗存》等，多达数十种。"文化大革命"前，徐映璞在杭州私刻《岁寒小集》《明湖今雨集》等，张重威在天津私印沈羹梅《无梦庵遗稿》（此书铅印，因为系私人印刷，也包括在广义的私人油印概念里）。二十世纪五十年代旧诗人的作品的主要流传方式是私人油印诗集。

1949年后，受过严格传统诗学训练的旧文人多数进入当地文史馆。虽然旧诗在社会上已边缘化，但早年训练已成旧文人的主要情感表达方式，它主要在私人间流传，以相互传抄和私人油印为主要传播手段，以个人感怀为多，但也有深刻思考，如陈寅恪旧诗在思想上体现出的独立性，吴宓对土改和思想改造的真实感受，洪传经"文化大革命"期间对时代的批判等，都是通过旧诗表达的。

旧式文人以私人油印诗集方式表达自己的文学理想，也是争取旧诗合理存在价值的一种选择，它对延续中国传统文化命脉有不容忽视的意义。私人油印诗集是努力保存文化的自发行为，因为这些旧文人坚信旧诗的生命力。

中国当代文学史研究，需要关注这种文学活动，需要对当时私人油印诗集进行广泛搜集并编写书名提要，在全面建立史料基础上展开研究。

## 三、两个诗案

### 1. 上海乐天诗案

中国传统文人本有结社唱诗传统。文人结社，一般并无严格组织形式，但众人聚集毕竟是一种群体活动，在相当程度上有结社的影子。上海乐天诗社的最终结局，即是因为常年的文人聚会和频繁广泛的书信联络，引起有关方面注意。这些行为本身属文人自由活动，但在中国当时环境下，它的群体活动形式，容易引发结社倾向，所以很快受到公安部门的监控。

1950年，聚集上海的旧文人，因为对中国传统旧诗的喜爱和良好修养，组织了一个诗社，名为乐天诗社。成员有柳亚子、沈尹默、江庸、江问渔、贺天健、胡厥文、马公愚、潘伯鹰、白蕉等社会名流。柳亚子北上后，又加入了萧龙友、陈云诰、关颖人、刘洁园等人。1950年元旦，沈尹默、江庸等旧文人，齐聚原上海商界巨子魏廷荣寓所，成立乐天诗社。虽是私人活动，但沈尹默、江庸等人还是呈文报告了上海市军管会文艺处，并得到批准，文艺处还派人参加了当天的活动。会上通过了《乐天诗社缘起》，诗社名为"乐天"，是因为他们崇敬白居易。诗社成立会上，选举了社理事会和社长。理事会由沈尹默、江庸、王福庵、叶恭绰、黄葆戉等人组成，理事长和社长分别由工商界人士郭益文和郑宝瑜担任。乐天诗社成立后，先后以报纸和油印期刊形式印行《乐天诗讯》。

乐天诗社成立后三四年间并不经常活动，到了1954年元旦社友会上，又增补周炼霞、陈小翠、张红薇、吴湖帆、孙雪泥、徐梅隐等诗人为理事，并选周炼霞为理事长，张方仁为社长。周和张合作后，很快编辑社刊《诗讯》，仅是一张油印16开4页纸，印数只300份，但因为是私印的报纸，在当时情况下，十分难得，诗友稿件纷至沓来。乐天诗社兴盛时成员达500余人，分散全国各地。1956年5月，乐天诗社希望得到政府支持，后经市文化局同意后，备案成为市文联下属的团体会员，在经费方面还得到一些支持。社刊仍以《乐天诗讯》名义刊发，为月刊，印数减至280份。社员也重新登记。乐天诗社最活跃时，曾得到过董必武、康生的关注。

乐天诗社最后的消失，源于"《思亲记》事件"。

1962年，上海一位老工商业者孙忠本，突然想起去世40余年的父亲孙轩蕉，按传统习俗，打算私印一本纪念册，其中除先人行述外，还请名人题撰诗文。孙忠本请乐天诗社沈尹默、刘海粟等人在上海国际饭店吃饭，但未付润笔。所题文字，也多是旧时代的习惯套语，事后私印成一本线装小册《思亲记》，由沈尹默题签，在朋友间流传，很快引起公安部门注意。张春桥批示"这是一个典型事件，要抓思想文化战线上的斗争"。上海市委宣传部和统战部召开联席会议，指示市工商联和文史馆进行调查，并在调查基础上分别进行座谈批判，沈尹默和乐天诗社参与此事的社员都分别作了检讨。1964年后，乐天诗社基本停止活动（参阅陈正卿回忆文章，见《世纪》杂志，2008年第3期）。

上海乐天诗社本是旧文人结社活动，无任何政治意图，对新时代也以歌颂为主，是完全延续旧文人习俗的雅集方式，但因为在全国有广泛联络（主要通过书信）并私印杂志，被认为形成了一种组织活动，当然要引起有关方面的警觉和监控。乐天诗案事实上终结了以诗会友，相互唱和的文人传统，对旧文人在心理上的打击极为严重。

**2. 太原晋阳楼雅集诗案**

1964年春，山西大学历史系教授罗元贞和太原诸诗友商定，于5月2日在太原晋阳饭店举行"红五月雅集酬唱诗会"。参加者有罗元贞、赵云峰、宋剑秋、宋谋瑒、陈佩颖、高子健、松窗、胡频秋等，到会诗人均有唱和之作。此次雅集被罗元贞编成《红五月雅集酬唱集》。罗元贞将诗稿交给当时在山西大学中文系读书的殷宪，嘱其回家路经晋源镇太原二中时，交给吕岳挺、陈佩印刻印。数周后，油印成书，殷宪又顺路取回交给罗元贞。吕岳挺、陈佩印、孙廷弼后皆以私刻油印诗集罹祸。晋阳楼雅集，当时被公安部门定为反革命集团活动，罗元贞为此入狱达五年。"文化大革命"期间，有人曾于太原市公安局办公室抽屉中见罗元贞《红五月雅集酬唱集》油印本，被注明是非法出版物和反动书籍，可见当时公安部门已视此类文人雅集活动为结社行为，以"反革命集团"论处了（2012年夏天，殷宪先生在山西大同对笔者讲述）。

上海乐天诗案和太原晋阳楼雅集诗案，大体发生于同一时间，均因诗人雅集和事后私人油印诗集起祸。两诗案最初介入者均为公安部门，而非文化机关。事后观察，两起诗案中所有诗人并无任何异心，他们本是新时代的歌颂者，如郑斯文在《红五月雅集唱酬集》跋中所说："本集作者皆系业余作诗，而拥护党，拥护无产阶级专政之一片赤诚充分流露于字里行间，可见其业余文娱中亦有三面红旗也。"

## 三、私人油印诗集经眼录

私人油印诗集属手工时代产物，本来印量就少，再加经历社会波动，存世量已极稀。下面是笔者近十年间在旧书肆（包括网上）经眼和置于箧中的私人油印诗集，时间限于1950至1966年间，主要以当世诗人创作为主，期间油印过世旧人诗文集不在此例。

《四图题咏合印集》，郭祖谦等，1951年。

《京口鸳湖酬唱集》，江庸等，1953年。

《咫社词抄》，1953年。

《清平诗录》，徐映璞，1954年。

《机声灯影图咏》，钱文选，1954年。

《友赠诗文补编》，钱文选，1954年。

《西湖风月唱和集》，钱文选等，1954年。

《诵芬堂诗文选》，钱文选，1954年。

《诵芬堂诗文选续编》，钱文选，1954年。

《霞景楼诗存》，程景溪，1954年。

《容楼诗集》（上下两册），郑傥，1954年。

《春秋百咏》，钱文选，1955年。

《春秋百咏补编》，钱文选，1955年。

《三老图咏》，钱文选，1955年。

《味逸遗稿》，蔡正华，1955年

《狄香宦遗稿》，何骍熹，1955年。

《京师大学堂同人酬唱初稿第二辑》，秭园编录，1955年。

《京师大学堂同人酬唱初稿第三辑》，秭园编录，1956年。

《果园诗钞》，戴果园，1956年。

《补斋诗存》，江恒源，1956年。

《兼与阁诗集》，陈声聪，1956年。

《岁寒小集》，徐映璞，1956年。

《苏堂诗拾》，李释戡，1956年。

《苏堂诗续》（甲乙集二册），李释戡，1957年

《大坡古稀唱和集》，徐鹤章，1957年。

《醉花居诗稿》，朱理斋，1957年。

《寒竽阁集》，吴眉孙，1957年。

《婴庵诗存》，秦更年，1957年。

《若庵诗存》，缪子彬，1957年。

《慎园诗选全集》，卢慎之，1957年。

《毓秀山房诗钞》，张烯，1957年。

《退隐斋诗集》，李应权，1957年。

《人花问答唱和集》，王一庐，1957年。

《纪年诗集》，吴公退等，1957年。

《学步集》，路志霄，1957年。

《蚕余吟草》，李毓珍，1958年

《槐庭娱晚集》，王植槐，1958年。

《民间不老人诗草》，李钟瑞辑，1958年。

《养性轩霞余吟草·附诗钟拾遗》，沈曾荫，1959年。

《陈匪石先生遗稿》（三册），1960年。

《龋庵诗剩》，熊冰，1960年。

《丛碧词》，张伯驹，1960年。

《忏庵诗稿》，胡先骕，1960年。

《海沙诗抄》，赵赤羽，1961年。

《安事室遗诗》，许德高，1961年。

《志壶诗草》，方桢，1961年。

《徐陈唱和词》，徐映璞、陈瘦愚，1961年。

《慈园诗词稿》，邵振绥，1962年。

《西园雅集诗钞》，戴春风等，1962年。

《霞景楼同人唱和集》，俞鸿筹等，1962年。

《毓明花卉题咏集》，惠毓明，1962年。

《六不斋学咏拾零》，徐忍寒，1962年。

《斯改集》，钟木元，1963年。

《甲辰稿存》,庄观澄,1964年。

《澹园诗稿续集》,田树藩,1964年。

《两忘宦诗存》,王铨济,1964年。

《经园耆年唱和集》,倪士英,1964年。

《儋糜居诗稿》,姚亮,1964年。

《息庐近稿》,刘梅先,1965年。

《昨非轩诗集散遗稿》,周荃,1966年。

## 一、洪传经其人

我最早知道洪传经在 2003 年前后,是山西诗人马斗全告诉我的,当时他还送了我一册内部印刷的《敦六诗存》。马先生是国内知名的旧体诗人,1998 年他写《"新榜样"与"旧书生"》(《书屋》杂志 1998 年第 8 期),是国内较早公开全面介绍并评价洪传经人生经历和诗词艺术成就的。

洪传经(1906—1972),字敦六,号还读轩主,晚号盾叟,安徽怀宁人。18 岁考取南京中央大学。1931 年赴欧洲留学,在法国帝雄大学获经济学博士学位,1935 年回国后先后任教于湖南大学、光华大学、华西大学及兰州大学等高校,1955 年辞职寓居杭州,"文化大革命"中困顿而死。洪传经本是经济学教授,著有《工团论》《高等财政经济学》等专门著作,但他中国旧学修养深厚,又酷爱旧诗,创作数量很高,达到很高水准。他在杭州时曾与马一浮、朱师辙等时相过从，他诗集中保留了很多他们交往的史料。

1993年，杨键在《文化大革命中的地下文学》中高度评价了洪传经的诗并引述了他1970年《纪事诗》中的两首：

> 万方酣战伐，四海竞争端。放手抛藤杖，低头著纸冠。妻儿悲远敌，故旧默长叹。谁识精忠者，宵深也劈棺。
>
> 饥寒夸饱暖，事事胜当年。谁作硬头汉，时防软铁鞭。塞流农断市，废学士耕田。唱罢三忠曲，低回欲问天！

杨键认为"洪敦六的遗作之所以感人，在于他不止于倾诉个人的悲惨遭遇，而且怀有悲悯苍生的忧思"（《文化大革命中的地下文学》第211页，朝华出版社，1993年）。

通观洪传经的诗，其实对个人处境的悲叹只是一个方面，在"文化大革命"时代敢于写出"塞流农断市，废学士耕田。唱罢三忠曲，低回欲问天"这样的诗句，没有深刻的思想达不到如此力度，没有独立精神，发不出这样的感叹！

在洪传经大量诗作中，不仅有个人在时代洪流中的沉浮感怀，更有对家国生民的悲悯，对此他有非常清醒的自觉意识，以诗为史，在他是一种融入个人生命的追求。1972年，洪传经六十多岁时，编定《长啸集》，他在自序中说："诗虽不工，然感物纾怀，胥发自胸臆，决非为诗而诗，摩拟古人，附会风雅，亦可见余平生出处之痕迹。后之览者，倘能悯其遭遇，察其为人，进而研究数十年社会变迁之概况，则幸甚矣。"可以看出洪传经对自己诗与时代的关系有相当期许，他在提示人们从他旧诗中看出一个时代里中国知识分子的悲剧人生。正如他在《书示儿子涤因》一诗中所言："行藏已被诗书误，一卷犹思死后传。"

## 二、洪传经诗集版本

公开出版和私家刻印也是中国当代文学史面临的一个问题。在当代中国，公开出版代表对一个作家及其作品的认同，但丰富的文学史活动告诉我们，许多真正有价值的文学作品，由于各种原因，在当代并没有获得公开出版的机会，但这绝不意味着这些作品没有价值，只是它们的价值一时还没有得到社会的广泛认同，在古今中外文学史上这样的事情屡见不鲜。中国当代文学史写作，在今后可能要大量面对私家印制的作品，它们文学史身份的确定与出版方式不是直接关系，而且越是私印的作品可能更应当得到重视。

洪传经至今还没有一本严格意义上出版的诗集，他所有问世的诗集，均以私印方式存在。洪传经诗集的流布，萧山中医周明道起了主要作用，洪传经在困境中与周明道相识，可说是患难中少有的知己。如果没有周明道的悉心保存，洪传经的许多文稿不可能流传后世，如果没有周明道坚持使恩师诗集流传后世的努力，我们今天看不到洪传经诗集的整体面貌。目前已知洪传经诗集的版本情况如下：

1、《岁寒小集》，徐映璞编，1956年油印本，内收洪传经与田宿宇、庄南村、徐映璞唱和诗多首。

2、《明湖今雨集》，徐映璞编，1961年油印本。内收朱少滨、钟毓龙、孙廑才、黄天狂、田宿宇、洪传经、庄南村、徐映璞八家诗。其中洪传经古近体诗40首，词4首。

3、《敦六诗存》，1972年油印本。封面题署蒋杏沾。前有朱师辙序。自序一。自序二。内收卷一《黄叶集》（1921—1959年，收诗174首）。卷二《长啸集》（1960—1972年，收诗128首）。诗后附周明道撰《后记》一篇。

4、《集外集》，1983年油印本。封面题署王京盫。前有周明道题识一则。后附洪传经词及联语。

5、《敦六诗存》，1983年油印本。封面题署玄叟。观沧楼主编印。集后附庄观澄《哀敦六先生》。胡苹秋《读乡贤洪敦六教授黄叶集诗卷后题》诗一首。其他版本信息同1972年油印本。观沧楼主即周明道。

6、《敦六诗存》，1995年铅印本。列为钱塘诗社丛书之十五。为油印本《敦六诗存》《集外集》合刊本。前有苏步青题词。洪传经相关照片三帧。另附周明道《洪传经教授的一生》。杨键《文化大革命中的地下文学》中摘录"继承现实主义传统的诗歌：洪敦六《纪事诗》"。

7、《敦六诗存》，2008年宣纸铅印，线装一函一册，私印本，为1995年铅印本《敦六诗存》重印本。

## 三、洪传经在兰州大学

目前关于洪传经的史料很少，多数还停留在传说和回忆层面，我偶然得到一本1952年兰州大学校刊的合订本，里面恰好有许多思想改造运动中批判洪传经的史料，利用这个史料，我们可以把一些关于洪传经人生经历中影响他后来命运的细节呈现出来，同时也能观察时代转换之际一个知识分子的悲剧人生。

二十世纪五十年代初，洪传经在北京学习一段时间后，来到兰州大学任教。时代转换之际，旧时代过来的知识分子多数以自己以往的人生经历判断时势，洪传经以为一个大学教授到何处教书是一件简单的事，他可能还是以旧时教员的自由流动习惯来决定自己的行为，合则留不合则去。但以这个阅历在新时代选择职业则完全错误，因为自由流动的空间在新时代已越来越狭窄，到他最后想再做选择的时候，已经没有这个空间了。1955年，他做出了退职回杭州居住的选择，在洪传经看来，或许以后可以有再就业的机会，但这个想法在新时代就太天真了，失去公职以后，洪传经再也没有从业的可能了。

一个有西方生活经历同时也有中国旧学修养的知识分子，突然在新时代的大学里教书，可以说他的一言一行与新时代都格格不入。一些日常生活中常人的习惯行为，在1952年的知识分子思想改造运动中，都被同行或学生用政治眼光来评价，最后上升到政治思想高度，洪传经精神上的痛苦可以想见。

1952年知识分子思想改造运动的几个月时间内，当时《兰大学习》就刊出了众多批判洪传经的文章：

李珍照《问洪传经教授》（1952年第4期第3版）。

经济系一年级学生黑家乐《洪传经先生的思想一角》（《兰大学习》第6期第7版）。

经济系四年级学生马顺德《读〈问洪传经教授〉文后》（《兰大学习》第6期第11版）。

法二、三组集体稿《批判洪传经先生的反动思想》（《兰大学习》第7期第1、2版）。

法七、八组集体稿《看洪传经等先生怎样搞宗派的》（《兰大学习》第10期第2版）。

银三安延新、赵玉辉《洪传经先生的糖衣炮弹》(《兰大学习》第10期第2版)。

经济系副教授刘天佑,助教朱杰、李珍熙、沈克俭《希望洪传经先生正视错误彻底暴露》(《兰大学习》第12期第2版)。

经二陈永年、魏生辉、孙树庄、汪洪《洪先生赶快暴露你们这个危害人民教育事业的宗派堡垒》(《兰大学习》第12期第2版)。

银四鲁贵珍《我们进一步认识到洪传经先生的反动本质》(《兰大学习》第12期第2版)。

经四王之玮、完颜福《洪传经先生的过关问题》(《兰大学习》第12期第3版)。

化四李人镜《从洪传经先生诗中发现的一些思想问题》(《兰大学习》第12期第4版)。

经济系岳维森、寇银章《谈洪传经先生"见鬼"》(《兰大学习》第12期第5版)。

银二陈炳南《谈洪传经先生的反动言论》(《兰大学习》第12期第6版)。

银一张建、李立功《再给洪传经先生进一言》(《兰大学习》第12期第7版)。

银会系杨成德、赵继志、郭维钧、董环、杨云程《洪传经先生还想作官》(《兰大学习》第12期第12版)。

经三张润、周凤歧《建议洪传经先生》(《兰大学习》第12期第12版)。

经济系副教授刘天怡《洪传经先生作风点滴》(《兰大学习》第13期第4版)。

《批判洪传经先生的反动思想》(《兰大学习》第19期第1版)。

经济系教授吴宗汾《批判洪传经先生的宗派主义》(《兰大学习》第19期第1版)。

英语系教授鲍文俊《批判洪传经教授的反苏反共反人民的反动思想》(《兰大学习》第19期第2版)。

地二马镇邦《从洪传经先生历史分析他的反动思想》(《兰大学习》第19期第3版)。

地理系教授王景尊《批判洪传经的反动统治思想本质》(《兰大学习》第19期第3版)。

数学系教授赵继游《由宗派和谣言来分析洪传经教授思想》(《兰大学习》第19期第4版)。

史三林仲玉《从洪传经先生谈话中分析他的反动思想》(《兰大学习》第19期第5版)。

中三汪秉坤《谈一首洪传经先生的反动诗》(《兰大学习》第19期第6版)。

中二田明《自称"潜夫"的阴谋》(《兰大学习》第19期第6版)。

《批判洪传经教授错误思想与反动言论》(《兰大学习》第19期第11版)。

中一王文蔚《洪教授所谓"英美的真民主"》(《兰大学习》第19期第12版)。

经四李闰凤、蒲德裕、水天浩、李广云《对洪传经先生检讨的意见》(《兰大学习》第20期第4版)。

医三组《谈谈洪传经先生的历史问题》(《兰大学习》第20期第4版)。

物理系副教授方孝博《批判洪传经先生反动思想和立场》(《兰大学习》第20期第4版)。

法七组集体稿《听了洪传经教授自我检讨后》(《兰大学习》第20期第5版)。

医三组《对洪传经先生的检讨提几点意见》(《兰大学习》第20期第6版)。

银会系四年级倪鸿钧《批判洪传经教授的教学观点》(《兰大学习》第20期第7版)。

史三陈守信《关于洪传经先生的检讨》(《兰大学习》第21期第8版)。

银三萧中立《由这件事分析洪传经先生的思想》(《兰大学习》第21期第16版)。

银一、二集体稿《批判洪传经教授的自我检讨》(《兰大学习》第21期第16版)。

经—宋希珍《听了洪传经先生的检讨之后》（《兰大学习》第24期第4版）。

细检这些批判文章内容，多数是新旧时代不同生活习惯的冲突，比如洪传经刚到兰州大学经济系，请几个年轻人吃饭，同时说起要给年轻人介绍女朋友，这就成了收买人心，争夺青年。类似内容在学生的批判文章中比比皆是。洪传经毕竟是受中西两面文化影响的教授，自己的基本价值观和知识逻辑非常稳定，一般不符合常识的东西极难在他那里得到认同。当时经济系有个学生写了一篇《洪传经先生的思想一角》，批判洪传经，他提到的都是些什么内容呢？有个学生揭发说，洪传经给他们上课时说，他刚由外国回到上海时，见街上有人拉人的现象，心中很惊奇，因为外国交通发达，有汽车、电车，就没有人拉人的事情……英、法、美这些帝国主义，他们的招牌是和平博爱，其实他们对国外是残酷的，而对国内则有些博爱。且不说洪传经当时是如何真实表达他由国外回来时的感受，就以学生批判的角度观察，可以看出洪传经是一个敢说真话的人，他把自己在国外的真实生活经历讲出来，结果被认为是美化帝国主义，赞扬资本主义。

这个学生还在文章中指出，洪传经上课时经常说："外国

（资本主义国家）的房子都是高楼大厦，大部分的房子中都有气候调济的设备，无论在冬天还是夏天开着窗与闭上窗室内温度一样高。"现在看，洪传经其实只是讲了他在国外见过空调的经历。

当时许多批判洪传经的文章都说，洪传经崇洋媚外，理由是洪传经经常和人讲："城市生活比农村要好得多，如在城市天天吃肉也没有人管，而地主在农村吃一次肉或吃油炸馍，那就要斗争他。……在美国（或者法国我记不清了），地下都修有粪道，把粪流到城外的地方集中起来，经过科学制造成肥料及其他物品原料，又干净又不浪费，而中国却是东一堆西一堆，到处都是粪。……周恩来总理讲话是看人的。对我们（像洪先生这样从外国回来的人）和对学生及一般人讲话都不一样。对一般人在说美国工人怎样的苦，怎样受压迫，失业工人没有饭吃，没有房子住，而对我们讲话（是他在北京学习时的讲话），便不是这样了；因为我们是由美国回来的，知道美国工人的生活比中国一个大学教授还好，失业工人住的是高楼大厦。……西北学生文化程度太低，东南的学生程度高，教也容易，在我来时就知道的。……中国的封建社会没有外国那样残忍，如俄国、美国、法国等。"（《兰大学习》第6期第7版）。今天再看洪传经这些言论，其实只是一个有西方生活经历的人，讲出了自己的一点见闻和观感,并无政治上的企图。但在当时的历史环境下,洪传经却要为这些言论付出沉重的代价。

因为大女儿在杭州,1955年洪传经辞去兰大教职,回到杭州居住。他在《南归车中怀人》诗中感叹:"恨别伤时涕满衣,得归宁忍计寒饥""入世岂堪怀抱尽,怜才空负辈流知",可以想见他当时的心情。离开兰大时,洪传经得退职金三千元,到杭州一两年便用光了。他后来在诗中感慨:"当年名利不关怀,自诩清流与俗乖。到此方知吾道损,居然柴米上心来。"想不到几年后自己连生计都成了问题。当时因为洪传经是九三学社成员,算是民主人士,省统战部每月补助生活费三十元,他便靠这三十元维持生计,最后连这点钱也没有了,生活完全陷入绝境。

1960年,洪传经诗文中多次说自己有"南冠之厄",述及当时处境,他说自己到杭州后,"尚与少数师友唱和,吟啸自若也。厥后管制益严,复有抄家之变,图书诗稿,丧失殆尽"。因为材料少,我们至今也不知洪传经是为何原因经此"南冠之厄",只能由他"谁知北郭存真性,竟有南冠到此身"诗句判断,可能是因当时兰州大学旧时言论被人翻出,基本可以判断是以言治罪了。

1971年前后,洪传经有《述怀》诗:"疏狂无意逐功名,舞舌川湘又楚秦。学汇中西空自许，言非理则不相因。那知以此遘忧患，竟为多言犯要津。甚矣书生无一用，未能权变且谋生。"可谓是对自己一生出处的总结。

读洪传经的诗常常让人想起陈寅恪晚年的诗，他们的经历相似，晚年心境略同，所以诗的风格和境界也极相近，甚至有些旧诗常用习语及典故也共同出现。杜诗的沉郁悲凉和庾信的哀婉苦痛意象经常在他们的诗中浮现。逆境中的旷达与绝望中的深思，在表现中国知识分子的心史方面，都有极高深度。

由于旧体诗表达艺术的特殊性，它对于自由心灵的表达有其他文学形式所不能取代的效果，从目前我们已发现的多数私印旧文人诗集中，可以判定，在这样的时代中，许多旧人用旧形式表达了新的现代思想，无论是陈寅恪、吴宓还是洪传经、聂绀弩以及更多不甚知名的诗人，他们的诗文写作，不应当为中国当代文学史所遗忘，今后中国当代文学史写作如果不注意这些旧诗所达到的思想高度和艺术高度，可谓史家失职。

# 罗孟韦与潘德衡《唐诗评选》

十多年前，有一批中山大学教授罗孟韦家中的旧籍散出，当时喜逛旧书肆的人一般都知道此事。我偶然在北京布衣书局得到其中一册旧诗抄本，内有陈寅恪诗数首并有唐篔手抄陈诗一页。因稿本用纸及装订形制与陈家常见旧稿完全相同，我判断此稿本与陈家有关并写过文章介绍。后在孔夫子旧书网上也遇过几次钤有罗孟韦藏书印的旧籍，但只钤印的旧书在藏书中意义有限，多未曾措意。后见孔网有两册日本印潘德衡《唐诗评选》，书后有罗倬汉手书后记，我细读一过，判断此是一册现代题跋本。

潘德衡《唐诗评选》精装上下两册，用纸精良，昭和十二年（1937）在日本神户出版，完全是中文印刷，书中无一字日文，书前序言及编辑体例后，均用民国纪年，可判断编者非日人。书前有编者序言及多首编者咏唐人题诗，体例为先作者简介，次选诗，后编者评价。评价多短语，但遇大家如李杜王维等，则不惜篇幅，此与钱锺书《宋诗选注》体例相类。

编者潘德衡，我一时未查到其人来历。孙琴安《唐诗选本提要》将"《唐诗评选》"列在"日本唐诗选本"目下，认为"撰者佚名。日本出版，一册。视其书名，当有评语。现藏南京大学图书馆。余曾两次专访此书，终未能见"（该书第467页，上海书店出版社，2005年）。孙书编纂时，电脑尚未普及，访书不易，后虽再版，失之细检。日后再版时，此条可以修正。

罗孟韦"后记"以朱笔题在《唐诗评选》下卷书后空白处，抄出如下（因原文偶有句读且字为行草，如识读断句有误，敬希指教）：

后记
民廿二年东渡扶桑，就读东京京都大学研究院，初至神户，既遇潘德衡君，相交甚深。民廿六年归国回故，万里之途获潘君《唐诗评选》之赐，至为感念，后日一直随己颠簸。民廿八——廿九年，在昆明西南联大再交钱穆教授及后之顾颉刚、商承祚、容肇祖、朱谦之诸先生，并以潘兄大作示诵，获诸大师褒奖且稍致意之思。然时世交错，群星星散，再无一睹之隙，是为憾事。民国卅六年九月二日罗倬汉敬记

罗倬汉即罗孟韦。题词虽短，但所记准确，可存史料，可

证《唐诗评选》之价值。钱穆《八十忆双亲·师友杂忆合刊》有一节提到："时南京金陵女子文理学院亦借华西大学校舍上课,其教授罗倬汉,每逢余到齐鲁上课,彼必在图书馆相候。余课毕,即相偕赴江边茶馆品茗闲谈。彼告余,君近治两宋理学家言,但时代不同,生活相异,惟当变通,不能墨守。虽两宋理学家不求富贵利达,但吾侪今日生活之清苦则已远超彼辈当年之上,而工作勤劳又远倍之。姑不论其他,即每日阅报章一份,字数之多,已为从来读书人日常勤读所未有。论理学家之勤读生涯,已远逊清代乾嘉诸儒。而君今日读书,又勤奋逾清儒。生活清苦,营养短缺,此何可久。今日吾侪得此江边闲坐,亦正是一小休息。华西坝近在成都西门外,西门内有八号花生最所著名。倬汉必购取两包,告余,花生富营养,惟恐消化不易,以浓茶辅之,俾可相济。吾侪此刻一壶浓茶,一包花生,庶于营养有小助。

倬汉方治《左传》,成《〈史记〉十二诸侯年表考证》一书,余为之序。其论清代今古文经学,时有所见。亦为余在蜀所交益友之一。后余过广州至香港,闻倬汉亦在广州,而未获晤面。及创办新亚,曾贻书邀其来港,惜未获同意,后遂不复得其消息矣。亦为余在蜀所交益友之一。"(第220页,东大图书有限公司,1983年)

二十世纪四十年代末在广州，罗孟韦曾陪钱穆探望过陈寅恪。陆键东《陈寅恪的最后20年》曾提到："陈寅恪晚年有一时常登门'谈书论道'的好友罗倬汉。罗氏在三十年代曾留学日本东京帝国大学研究院，专攻历史与哲学，嗜书如命，博览广采，五十年代在广东史界便以'博学'知名。"（第522页，三联书店，1995年）

罗孟韦史料稀少，目前仅见数则，均可与"后记"比勘。因"后记"而重提潘德衡《唐诗评选》，也可为研究唐诗选本增一新角度。中国编者完全用汉语在日本印唐诗选本，当断为日本唐诗选本还是中国唐诗选本？

《唐诗评选》下卷前印有张圣奘致潘德衡一信，手迹原文影印，抄出如下，以增前辈唐诗研究史料。此信应是张圣奘与潘德衡论诗回函。张圣奘对中国古典文学极熟，唐诗中，尤推重王维，评价在李杜之上，此信或对治唐诗者不无启发。此信书法也颇可观，足证前辈学者中国文化的整体修养。

张圣奘致潘德衡：

> 来札论诗多独到之语，亦由我兄嗜之深乃言之切，因足补弟前论之未备。惟弟前书仅举陈思、渊明、青莲、子美者，盖此四子实中国数千年与屈原同为诗海之巨匠，情性才艺均能集时代之大成也。若考《诗经》《楚辞》以后

诗坛代表作品，则指难胜屈矣。即历劫不朽之诗家，亦可得数十人作吾人精神上之师友。古诗十九首之曼妙，苏李问答之缠绵，汉魏乐府之真朴，固为古代之作品瑰宝，而左太冲咏史，雄杰盖代；大小谢山水之作，奇秀无伦，亦可与子建渊明异曲同工，惟少其浑厚含蓄耳。鲍明远之矫捷，于六朝亦不可多得。诗至唐代美不胜收，殆难遍举。尤以盛唐十余家，无体不工，各擅其胜，除李杜外，陈子昂之高格，张曲江之蕴藉，岑嘉州之奥削，高常侍之豪迈，右丞清思妙句，以画笔作诗，冠冕唐代，传诵古今，弟固心仪神往者久矣。右丞诗格不仅于李杜大家外别开生面，并与当时之孟韦储刘，中唐之韩柳元白异其风趣。孟襄阳得陶之清，储太仆得陶之朴，韦苏州得陶之淡，右丞则合六朝之冲夷与盛唐之华妙为一炉而冶之，故其风调谐逸，神思俊迈，绝无昌黎之犷悍，柳州之悲抑，元白之油滑。刘随州除古体外，五七律绝，直追盛唐，精练溶冶，以少许胜多许，卓然大家矣。然浑厚之气终逊右丞一著。且工部短于绝句，太白不长律体，右丞则无体不工，清浑精深，自具本色，又不若昌黎古风袭杜之雄阔，以排纂为坚实者之有迹可求。工部气体沉雄，少轻扬之妙，太白超迈，少盘郁之奇，而右丞优游涵泳，轻重适宜，无偏到之弊，有兼善之美，从容平和，无疲弱之象，则养之深，故发之远也。昔人尊李杜韩为唐代三大家，似欠公允，若侧王右丞于李杜之间，其庶几乎？我哥以为然否？他如裴迪五绝比肩右丞，王龙标七绝达妙青莲，刘宾客、杜樊川、李益七绝，或天才纵逸，或情趣深到，宋以后难觅嗣响矣！李商隐七律直朴，少陵壁垒，其辞旨微芒，咏叹悲婉之处，又令人莫测其深也。韩致尧于此体与义山有瓣香之妙，其声宏实茂，实晚唐之后劲，自有别于飞卿之浮艳，然飞卿精妙之辞非人所及，则又在善读者领略才人之苦心也。

衡哥

圣奘拜及

四月廿七日

我在网上查张圣奘，知为湖北赤壁人，生于1904年。精通多国语言，曾留学牛津哈佛等名校，后在四川工作，也是一位奇人，曾任教复旦、上海交大等大学。1954年张圣奘出任四川文管会主任，主编《四川文物提要》，是四川省政府参事、省文史馆特约馆员。近年网上流传四川周锡光回忆张圣奘掌故多则，颇有趣，流沙河认为张圣奘一生杂学，可惜没有留下什么著作。此则书信存世，或可加深对张圣奘的理解，为四川名人研究再添一新史料。二十世纪八十年代初，成都老年诗书画研究会编过两册内部诗选，一为《梅苑百咏》，一为《银杏吟稿》，内皆收张圣奘创作，有律诗，有散曲，虽诗艺娴熟，但不免时代痕迹，岁月已将个人色彩剥蚀干净了。

最后再说一句，潘德衡在《唐诗评选》后再出《宋金元明诗评选》一书，同一出版社同一规格。书前有编者照片一张。所选宋诗诸家，我取与钱锺书《宋诗选注》对比，发现眼光多有相近处，容后细论。

# 谢玉铭的一封信

我在厦大白城赁屋而居已近十年矣！

厦大物理学院旧址紧邻白城教员宿舍，门前有一尊谢希德雕像，日日经过，已不觉稀奇。偶在雕像前驻足，虽四下无人，敬意却油然而生，不由得鞠躬致敬。一所在战争中流亡的大学，培养了谢希德这样杰出的物理学家，或许是偶然，但细想却是一时学风纯正的必然结果。我初来厦大时，因早年做过点西南联大研究，对厦大早期史料也稍有措意。那时厦门旧书肆尚有式微中的回光，如果留心搜集，还不难遇到旧籍断笺。曾见一册郭察理和谢玉铭著的《物理学原理及其应用》（1928年商务版），书前有杜威（John Dewey）一则短序，称此书"在教育上极有价值"。原书用英文写成，商务版是于树樟的中文译本。因这点因缘，我记住了谢玉铭这个名字。有一年在孔夫子旧书网，见云南有家旧书店散出四页民国旧笺，我细看是谢玉铭早年写给他一位朋友的，恰好涉及厦大长汀时期史料及谢希德读书情况，虽索价甚昂，我还是收入箧中。

谢玉铭，字子瑜，是谢希德的父亲，福建晋江人，早年就读燕京大学物理系，先在美国哥伦比亚大学念物理，后在芝加哥大学获博士学位，曾任燕京大学物理系主任。抗战爆发后，回厦门大学，先后任物理系主任，理学院院长、教务长等职。1946年应菲律宾马尼拉东方大学之聘，任物理系系主任。1968年退休后移居台湾，1986年逝世。1940年，厦门大学为纪念陈嘉庚创校的贡献，设嘉庚讲座教授数名，首批四位教授中就有谢玉铭。他和当时厦大校长萨本栋关系很好。

1943年7月31日，时在长汀的谢玉铭给同乡朋友蔡咏春写了一封信，蔡咏春当时正在云南做社会学调查，他们先后毕业于福建晋江著名的培元中学。信中保存了许多厦大长汀时期的重要史料，其中也写了谢玉铭对爱女谢希德的赞赏，全信如下：

咏春贤弟青鉴：

顷奉航快，喜出望外。阅读之余，欣悉贤弟全家迁居昆明，千金聪明好学，庆贺庆贺！令侄女蔡翠祺女士投考厦大，无任欢迎之至。惟本年招生，计设考区四处，长汀、南平、福州、永春，今日为报名最后之一日，尚未见其前来报名，想系就近于永春区投考亦未可知也。厦大自改国立，于今六载，萨校长励精图治，校事蒸蒸日上，学子欣欣向学。社会一般人之评议，认为东南区各公私立大学之冠。廿六年秋仅有学生二百人左右，今则有八百壮士。因萨校长及诸教授重质胜于重量，是以学生人数管制甚严，不使其突增。按部章，本届应招新生四百四十名，但同仁等皆不愿招此巨数。学生、校方设备以及员生米贷金、米代金等困难问题皆无法解决，惟秋学期人数超出千人，则实意中事也。现有文、理工、法、商四学院。铭来厦大于今四足年，先充理工学院院长，嘉庚讲座数理系主任，又兼福建省研究院理化研究所所长职，终日忙碌于行政工作。本年度撇下一切，除担任六小时课务外，仅管理教务处行政工作，以免心散而工作效率低。萨校长原系体育家，六年来操劳过度，风湿症时发时止，去冬最为利害，数次辞职皆未获准，最后只准休息三个月，校务派铭暂代。陈部长八月间来汀视察，八月底萨校长即开始休假。铭因公私谊，无法推辞，不然殊不欲于万分困难之中荷此巨担也。去秋因公赴渝，曾顺便携眷来汀。小女希德进厦大理工学院数理系，成绩为全校冠，本年谅可获得嘉庚奖学金（校中最优之奖学金，除供膳宿外，每月尚给四十元之零花费用，每年约合四千元）。三小儿皆在中小学就业，一切平顺。内人亦在长汀侨民师范学校任课，以补助一家七口之伙食。幸长汀物价虽高，仅及昆明之半，此时尚可维持，他日则不知矣。

专此作覆　顺请全家平安快乐！

盛德弟均此敬意

友生　谢玉铭　启<br>三十二年七月三十一日

谢玉铭信为当年所写，所述厦大长汀时期校事，最近真实。信中对萨本栋当时病情及学校管理措施也时有提及，特别是对厦大在东南公私立大学中的地位和优良校风有详细描述。将女儿的读书情况和所获奖励详细告诉朋友，是父女感情的真挚流露，也可见谢希德在厦大读书之勤奋和上进。

谢玉铭1946年离开后再没有回过中国大陆，他内心对女儿谢希德的思念之情，外人已很难知晓。谢玉铭虽是理科教授，但对时代较一般文科教授似更敏感，人生阅历也更丰富，他曾竭力劝说自己女儿认同他的选择，可惜谢希德没有听父亲的话，这成为谢希德一生的隐痛，他们后来在事实上是断绝父女关系了，但双方又不愿在情感上承认这个事实。谢希德晚年提到自己的父亲时曾说，当时在菲律宾的父亲坚决反对她回国，但她没有听父亲的话。虽然这样，她很爱父亲，不愿伤父亲的心，希望能说服他，但从此任她怎样去信、寄照片都不回复，父亲再也不理她了。谢希德非常忧伤地回忆说："回国后一直到他去世，我没有再收到过他的信，这对我是很伤心的事，因为他非常爱我。在他的遗物中，我发现了我们的结婚照，他复印了许多。"（沈飞德《敬业乐群：谢希德画传》第31页，世纪出版集团，2005年）谢希德再见谢玉铭，只能是在父亲的坟前了。

收信人蔡咏春也是一位有故事的人。他是燕京大学学生，因家庭有基督教背景，本人对宗教极有兴趣，到燕京后深得神学院院长赵紫宸欣赏，毕业后留校任教，1946年赴美留学。蔡咏春和谢玉铭一样，都是晋江培元中学的高材生，均才华过人，他只用了四年就拿到了哥伦比亚大学的哲学博士学位，论文题目是《程颐的哲学》。学业完成后，蔡咏春和妻子决定回国服务。1950年蔡咏春回燕京后，公认是赵紫宸未来的接班人，可惜两年后燕京大学解散，蔡咏春连公职都丢了，一时连吃饭的地方都没有。后来还是在老朋友帮助下，1956年才在吉林大学得到一个教职，算是勉强有碗饭吃。蔡咏春非常有学术天赋，青年时代就做过很有价值的社会学研究，可惜时代没有再给他提供做学问的条件，他在吉林大学也只是教教英文和做点资料翻译工作。蔡咏春是1904年生人，退休后依然非常努力，但也只能在翻译宗教文献方面做一些贡献了。因为是闽南人，他退休后得到教育部关照，投靠时在厦门大学任教的大女儿家，退休金由厦大代转。改革开放初年，他短暂居留厦大白城教员宿舍时，还曾为厦门大学的发展提过许多建议。1983年，他在北京二女儿家中去世。蔡咏春早年积累的丰富宗教文献和自己的生平史料，后来捐赠给耶鲁神学院了，近年上海徐以骅、乔洋敏曾写专文介绍过。

蔡咏春妻子黄秀英晚年曾写过一册《我的伴侣蔡咏春》（黄秀英叙述，韩宗尧整理），详述自己一家的经历，可谓字字读来皆是血，惜此书自费印行，流传不广，没有产生应有的影响。

谢玉铭、蔡咏春和谢希德是中国知识分子的杰出代表，但在时代变革中，经历的却是完全不同的人生。蔡咏春和谢希德个人遭遇中，处处印有时代血痕，思之令人心痛！

# 杨树达《莫泊桑短篇小说集》序

读2013年11月17日《上海书评》杨德豫先生《父亲的三篇佚文》（后附杨逢彬先生说明），知李青崖译《莫泊桑短篇小说集》第一册中杨树达序言目前还没有收入《杨树达文集》。杨序刊于李译《莫泊桑短篇小说集》第一册（1923年商务印书馆出版），我手边恰有此书，抄出如下：

> 杨序
> 
> 在外国小说里面，我最喜欢读法国莫泊桑的短篇小说，可惜我不曾学过法兰西文，不能够读他的原著；但是英文和日文的译本，以及近数年来本国文的译本，凡我力所能致，耳目所及知的，我必定要寻找读一读。
> 
> 我读了莫泊桑的小说，觉他描写之精细，工巧，简洁，固然是竭尽了技术上的能事，但是他所以能够沁人心脾，令人击节叹赏的缘故，尤在乎他那观察力和想象力的微妙，只看他的短篇有

如许之多，不论他们的材料是社会的，或哲学的，或情感的，或滑稽的，而他们的内容，没有一篇不是令人惊心动魄，使人神经震动，惕怵不安的。论他的量，既有如许之多，论他的质，又这样充实富美，在各国文学家当中，恐怕也是很少见的。

我还记得前几年读了他的《梅吕哀》那篇之后，我很替那位"失去故国的王官旧贡奉"，洒了几点同情之泪。觉得人生到了那种境地，真是无可奈何，而著作者之富于同情心理，就那一篇也可以窥见！其实那篇文字的事实和作意，不过是我们少年时代读的唐人《江南遇李龟年》那首诗"岐王宅里寻常见，崔九堂前几度闻。正是江南好风景，落花时节又逢君"云云的意思罢了。但是这诗"除了盛衰今昔之感"以外，再没有旁的物事；莫泊桑这篇小说，却提到"那位老贡奉失去故国后怎样生活"一层，那便不止是一种单纯的"盛衰今昔之感"了。

所以我常常觉得像莫泊桑和近代俄国文学家的著作，真能够打入人心的最深之层，万非我们旧来肤浅的文学所望得到的。至于他们文字的简洁，尽极经济的能事，又不是我们"湘城派"的简洁所能比拟，就更不用说了！

莫泊桑又有一篇，我现在忘其题名了。（注）内容述一个人在车站等车，遇着一种非宗教的丧葬仪式；因为闲着没事，他的好奇心，便驱使他随着送葬的人群同走。

一个送葬者拿死者的历史和伊所受于社会的残酷待遇告诉他,才知道死者是一位曾经被人强迫污辱过的女子。我读过之后,也曾经受了一种极强烈的感动。

莫泊桑晚年得了疯癫症,在法国某地方的疯癫病院死的。知道这件事的人,或者以为怪事。我却以为他这样的天才,宜乎其要得疯癫而死。要知道世上的天才,原来都是有病的啊!

我的朋友李君青崖,从前留学法国,理科之外,兼研究法国文学。今年他从北京回到长沙,青崖拿这个册子叫我替他校读。我在匆忙之中,替他校读了一遍,便写了我从来对莫泊桑的一点意思付给青崖,作为"同好"的纪念。我的话对不对,还要请青崖教我,我还希望青崖出版这册子以后,还继续不断地将莫泊桑著作都译出来,使国中有文学兴味的人,个个都能饱饱地领略莫泊桑著作的风味,那就是很有贡献的工作了。

杨树达序　十一年七月十四日,长沙。

注:此篇名《马丹拔梯司特》(Madame Baptiste)——青崖

我在二十世纪九十年代初,读过《积微翁回忆录·积微居诗文钞》(《杨树达文集》之十七,上海古籍出版社,1986年),曾用其中的材料写过一则关于杨树达先生的小文章,为此曾和杨逢彬先生通过信。当时湖南教育出版社印的《积微居友朋书札》，因印数奇少（只印六百册），已很难得到，后来还是杨德庆先生寄我一册，今天想来依然温暖。我要找机会把手边这册《莫泊桑短篇小说集》送给逢彬先生。

# 最新的一本鲁迅传

读完陈漱渝《搏击暗夜——鲁迅传》后（作家出版社，2016年），有一点感想。

目前已知的国内外鲁迅传记，已有大约五十几种，这还是在一般学术传记的意义上观察，如果加上普及性的传记读物，这个数量可能还要增加很多。写一部理想的鲁迅传，似乎是每一代鲁迅研究者的追求，如唐弢先生，把能完成一部鲁迅传视为自己学术的最后理想，可惜最终没有完成，只留下半部鲁迅传。

陈漱渝在二十世纪八十年代初即写过一本鲁迅传，此书近年还在不断重印，但他何以还会选择重写一部鲁迅传？我以为他一定是有新史料和新观点，或者他要借重写鲁迅传来表达他晚年对鲁迅的看法，尤其是他对鲁迅同时代其他知识分子的评价。陈漱渝的这个追求在这本新印鲁迅传中得到了较好的体现，他把近年来关于鲁迅研究的新史料，经过慎重选择，自然融注到传记的叙述中，把自己修正过的学术观点也集中在这部传记中传达出来，特别是对胡适、林文庆、杨荫榆、陈西滢等以往简单评价过的知识分子，陈漱渝在新鲁迅传记写作中，努力追求更为客观和真实的评价。对"左联"及冯雪峰等人的理解和评价，陈漱渝也努力回到真实的历史处境中观察他们的言行及与鲁迅的关系。这部传记让人觉得鲁迅是一个更为真实也更为亲切的历史人物，而不是一个神话中的英雄。

鲁迅在中国文化史上已是伟人，伟人的传记最难做。因为伟人的事迹多已成为常识，把伟人的生平叙述得有人间气息相当难，把伟人的思想展示得清晰更难，陈漱渝这方面的努力均有成功体现。在他笔下，鲁迅的伟大是读者慢慢接近的，鲁迅思想的深刻也是一步一步成熟的，鲁迅是个有缺点的伟人，也是有偏见的思想家。

这是一部正统的鲁迅传记，同时也是一部新颖的鲁迅传记。陈漱渝的叙述是平实的，但也是生动的；他的分析是细致的，但也是深刻的，他把鲁迅的精神世界在不知不觉中展现出来，让读者理解了一个伟大灵魂的真实存在。

我说这是一部正统的鲁迅传记，是因为陈漱渝是他这一代鲁迅研究者中的正统学者，他们的鲁迅研究起步于特殊的历史时期，有鲜明的时代特征，他们接触的鲁迅第一手史料完整系统，后来的学者很难超越。今天发现史料的条件有相当进步，但像陈漱渝他们完整接触第一手鲁迅史料的条件反而消失了。陈漱渝他们把鲁迅史料拿在手里看的时代过去了，我们使用电子文献的时代，有长处，但也有短处，我们与历史的亲和力和亲近感远远比不上他们。在思想的启发方面，我有时候可能偏向新学者，但在史料的可靠和评价的稳妥方面，我相信陈漱渝这一代学者的工作，他们的判断可能偶有时代局限，但他们对史料的熟悉和把握的分寸经得起时间检验。

我在学校里教过几年中国现代文学史料搜集的课程，对传记的理解，我通常这样和学生讲：第一本传记最难，最新一本重要。第一本传记因为史料的原因，一般都很小，越往后越大，而最新一本传记，通常代表了同类研究的完整史料和评价，所以最值得关注。一般说，在同一作家的传记中，看第一本和最新一本大体能了解作家的基本情况。不是说处在中间时段的传记不重要，而是最前和最新更有代表性。

陈漱渝这本鲁迅传是我近年读到的最新一本。

# 关于签名本

近来喜欢搜集签名书的人越来越多。有位朋友委托我在厦门一家书店策划"中国现代名家稀见签名本欣赏"活动,为此,我把此事细思一遍。

我不搜集签名本,但因为职业和过去有一点搜集旧书的习惯,偶尔也遇到过名家签名本,但多数没有太当回事。为这次活动,我先要把"名家"和"稀见"两个标准作个大体解释。

签名的价值因人的地位而高,这是最简单的道理。在中国现代作家中,作家签名本的市场定位也依此而论。鲁迅胡适,一般说自然是最高的。我见过朋友有胡适的签名本,但我还没见过熟人中有鲁迅签名本的。现在市场上最受追捧的是四个人的签名本,陈寅恪、周作人、钱锺书和张爱玲。因为这四人的签名本还有得到的可能,他们以上作家的签名本,不论价值多高,在事实上已很难有获得的可能,也就没什么谈论的必要了。

我这里所谓"名家"还是一个大众概念，就是不需要解释，不需要专业知识，一说大家都知道。"稀见"则是指一般得不到，容易得到则不"稀见"，这里其实包括了时间和空间两个因素。比如巴金、冰心、杨绛均长寿，两在京一在沪，他们的签名本相对容易见到，他们又都是热爱读者的作家，所以有他们签名本的读者很多。我的标准是"名家""稀见"要同时满足，所以这次签名本欣赏活动，巴金、冰心和杨绛的签名本就不出现了。因此我也想到了以后应当为签名本设个大体标准。收藏如果极易，乐趣就少，所以签名本也要讲难度系数。

我把签名本分为广义和狭义两种，凡有作者签名都可谓签名本，但狭义签名本专指"名家"和"稀见"，不是有作者签名都可称为签名本，当然签名者的情况也是变动的，当代无名并不意味着永远无名，也就是说真正的签名本，必须经历岁月的淘洗。我对签名本作如下限制：

一、健在作者的签名本还不是严格意义上的签名本，因为有易得的可能，逻辑上说这样的签名本可以不断制造出来。

二、无意的签名才是真正的签名本。什么意思呢？因为健在作者常有图书销售活动，因为书的销量与版税相关，作者一般愿意配合出版社做活动，这样就有一些喜欢签名本的人专程搜罗作者作品，在这种场合要求作者签名。此谓有意的签名。而无意的签名则是作者出于友情或其他因素主动送人的签名本。

三、签名的时间。当然是越早越好，旧话说百年无废纸，更何况还有人签名呢。具体到中国现代作家的签名本，我以为1949年前的签名本高于以后的。

四、签在什么书上。如果书本身就很稀见，又有作者签名，当然是双美了，名著初版又有作者签名最为珍贵。

五、用什么笔签的。签名本的源头可能就是由中国旧文人题跋批校习惯演化而来，所以在签名本中，软笔胜硬笔。中国前辈作家多用毛笔签名，越往后越少。洋学生出身的作家用毛笔少，巴金、冰心、李健吾、萧乾多是钢笔签名，钱锺书是少有的例外，这也是钱签名本珍贵的原因之一。至于其他原因，比如有上款和留言一类，那是签名本中特例，另当别论。

六、签名加钤印的。签名易作伪，钤印相对难。签名钤印也最符合中国文人的习惯。理想的签名本是名著初版而由作者毛笔钤印题赠。

七、中文签名胜于外文签名。中国现代作家中有西方教育背景的不少，有的作家常用外文签名，比如林语堂、梁实秋、张爱玲等。但签名本中有"签名"二字，核心是中文，外文在识别方面有难度，同时美感方面也稍弱。

签名本的温暖是它建立了作者和读者之间的亲切关系，无论是有意签名还是无意签名，它都体现人与人之间的一种亲近关系。喜欢签名本的人，多数有保存文物、期待升值的心理，但也有人是为了保存那一份阅读的美好记忆。

网络时代，纸质书肯定会少，不是所有的著作都值得印成纸质书，自然科学和社会科学中的多数著作，以后不需再印成纸质书，而只有文史哲以及艺术一类才有这个必要。讲一般道理的著作没有必要再印成纸质书，讲高雅趣味的著作才有这个必要。签名本以后肯定是少量纸质书中的精品，时间愈久愈显珍贵。

## 《南曲精选》抄本发现记

2007年春天，得周宁兄关照，我以英文专科毕业身份南下教书，严格说只当了四年教员，四年后我不再给本科生上课。四年虽短，但离开讲台，还真有轻松之感。有一年我到南京去，宁文兄介绍名篆刻家潘方尔先生为我治一闲章"无课一身轻"，后来有新书印出送人，我也偶钤此印，略表心迹。人在心情灰暗的时候，总要寻些闲事来打发时光，我除看看书外，别无所长，恰好当时厦门旧书肆在式微中偶有回光。有那么几年，我常常流连于旧书肆，也略有所得。除一般常见古籍外，得过一册明拓本《怀仁集王羲之圣教序》，还是范文澜叔父范寿铭循园先生旧藏，何以流落厦门，一时令人遐想，另有名医吴瑞甫家书一百多封等等。那些年厦门旧书肆所得，最难忘的是发现了林霁秋《南曲精选》抄本。

南曲也称"南音""泉州南音"，是中国现存最古老的乐种之一。汉唐以来中原移民把音乐文化带入以泉州为中心的闽南地区，并与当地民间音乐融合，形成了具有中原古音遗韵的文化表现形式——南音。南音是唐以后的宫廷音乐，被称为中国古代音乐的活化石，2009年10月已入选联合国"人类非物质文化遗产代表作名录"。

二十世纪三十年代前，南音研究已有专门著作，其中几部经典文献如下：

1、《文焕堂初刻指谱》（同治癸酉即1873年），此书2001年为台湾学者胡红波发现，现已影印刊行。

2、林鸿《泉南指谱重编》六卷，民国元年（1912）由上海文瑞楼书庄初版，此书常见并已数字化。

3、林祥玉《南音指谱》四卷，1914年台湾刊行，后由台北施合郑民俗文化基金会翻印。此书近年为众多研究者转引。

4、《南乐指谱重编》，许启章、江宝合编，1930年，台南出版。

5、林鸿《南曲精选》十三集，此书为研究南音者必提，但见过原稿本者极稀。

厦门书贾陈健伙先生原是位诗人，后来厦门做旧书生意。陈先生字写得很好，对版本书画的知识也很丰富，生意颇精明。当时他居厦门曾厝垵，离厦大很近，我每晚无事后即散步过去，有时闲聊几句，问他有什么新东西进来，他总是回答没有没有，现在收货很难呀！但我每次过去，多少总要买点东西。有一天我临离开时，忽见墙角有一大摞虫蚀过的旧书，我让陈先生取下，翻看一遍。或许因为抄本虫蚀过于严重，陈先生可能收回后也懒得细看，并不清楚是一部什么书。我当时基本没有关于南音的知识，但我判断这不是一部印本而是个抄本，陈先生平时索价甚苛，但此回却开了个出我意外的价格，我便携书回家。

《南曲精选》封面原用偏黄的虎皮宣，已完全虫蚀，但没有伤及内容。我日后慢慢积累一些关于南曲的知识，逐渐明白了这部抄本的来龙去脉。大概是2012年冬天，我让北京古艺山房范晓榆先生将此书重修，成为完整一部抄本。我先从《南曲精选》的作者说起。

林鸿（1869—1943年），字霁秋，原籍同安，世居厦门。擅长文学，尤酷爱南音。清光绪十七年（1891）考中秀才。光绪二十一年（1895），受聘为厦门海关"汉文文案"。工余常到"集安堂"等南乐社与弦友唱和同乐。鉴于南音教学多靠口传心授，曲本零散，不成系统，遂立志编纂南曲大全。他遍访闽南各南音社团和与南音有关的梨园戏班，广泛搜集曲本、戏文和有关资料，历时十余载，终于编成《泉南指谱重编》六卷，该书是一部完整的南音词曲与文献合集。之后，又继续广泛搜集曲谱，着手整理编辑《南曲精选》二十集，最终没有完成，只完成了十三集稿本。近年研究南音的著作很多,但直接引述《南曲精选》材料的却完全没有,这让我对这部抄本的命运产生了兴趣。我先检索了一些相关的研究著作,结果如下:

王耀华、刘春曙《福建南音初探》(福建人民出版社,1989年)引述历代南音史料详备,但全书不见《南曲精选》。孙星群《千古绝唱——福建南音探究》(海峡文艺出版社,1996年),该书是一部史论结合的音乐专著,但未见引述《南曲精选》。刘浩然《泉腔南戏简论》(泉南文化杂志社,1999年),该书列举泉腔南戏的名曲占了很大的分量,而未提《南曲精选》。陈燕婷《南音北祭》(文化艺术出版社,2008年),未见引述。泉州地方戏曲研究社编《两岸论弦管》(中国戏剧出版社,2006年),其中各类论文涉及两岸南音学者所有文献,但无一人引述《南曲精选》。

据郑长铃、王珊《南音》(浙江人民出版社,2005年)一书记载:《南曲精选》拟汇编南音600阕,分成20集,可惜只完成了十三集,编者即辞世(第160页)。陈峰《厦门古代文献》(厦门大学出版社,2010年)一书中说:《泉南指谱重编》现存厦门图书馆,而《南曲精选》则已难觅踪迹(第217页)。《南音古曲选集》(上下,厦门市文化广电新闻出版局,厦门市南乐团编,鹭江出版社,2016年)也没有涉及《南曲精选》。

我注意到一般提及《南曲精选》的著作,材料均来自江吼《话说南曲》(中国文联出版社,2004年)一书,该书专列一节"林霁秋与《泉南指谱重编》",较早记述林霁秋和《南曲精选》史料,但由作者叙述史料判断,江吼本人也未见过《南曲精选》。目前所有关于南音的研究著述中,无不提到林霁秋编的《南曲精选》,但均无直接引述,也未见注明文献出处和保存处。电脑检索全世界图书馆藏,未发现此稿本线索。这样在南音研究史上,就产生了一个"《南曲精选》之谜"的问题,即这部稿本去了哪里?它是否还留存世间?

现在可以明确回答这个问题,虽然历经劫难,但它还完整保留世间,这是南音之幸,也是中华戏曲之幸。现在看抄本的内容:

《南曲精选》民国十三(1924)至十九年(1930)间完成,费时七年,线装十三册,超大开本,白纸、墨笔抄写,红笔批注,极为精美。《南曲精选》稿本前设计有作者及相关文献历史照片。

稿本前有厦门黄瀚(字雁汀)题词,厦门曾逊臣(自号吟香小筑主人)序言。林鸿写有《南曲精选弁言》,全文如下:

> 泉南之乐,虽曰里声,然无叫嚣嘈杂之气,而有悠扬婉转之音。每于月白风清,凭栏夜静,丝竹互奏,盈耳洋洋,

未有不心旷神怡，情和意远者也。惟曲调流传，派分五邑，偷声减字，辗转传讹。授之者固未能知变穷本，习之者又何能循流溯源。遂使白雪阳春，浸成巴人下里。间得有老于此道者，余每不惮往叩，盖不急起直追，或恐全归湮没，意欲保存国乐，乃求之者愈殷，而应之者多靳。每考求一阕，至少需在十日以上。谚云：书如山，曲如海。驽钝之才，安得搜括靡遗哉。况余自年三十三，讲求指谱，悉心重编，至五十平头，始行脱稿。再经审慎损益者，又四五年，凡历二十余载。销耗光阴已多，精神不无疲懒。故兹拟就脍炙人口者，先为录出。纵未能尽美尽善，亦颇能与人规矩。计得六百阕，分订二十集。非可奉为真诠，聊以投诸痂嗜者耳。余俟后之君子，继起而续编之，是予所厚望焉。

曾逊臣《南曲精选序》全文如下：

老友林君霁秋，既以笔墨余暇，费二三十年苦心，成《泉南指谱重编》六厚册，于客冬杀青矣。未数月也，又出其向所勘定南曲百有余阕，言欲就最脍炙者，选录六百阕，综二十集。余为言当分集陆续印发，免蹈前此《指谱重编》之繁重也。余尝闻诸林君云，指词为调余二十，而曲调多至百有二十余，历经失传，今只存八十余调。不急起直追，恐浸久浸失，其不至成为广陵散也几何。又中材之资，口习一曲，或至动需年月而后就，其忘却也亦忽焉。若曲词

——谱以工尺，使人人可按谱寻声以求，其习之也上口易，记忆亦牢。至若调之芜秽者删定之，讹谬者纠正之，抑尤不可少也。审是，则南曲之选，又乌可无哉。林君素精此道，又于编辑指谱成书后，出其余技以选此，其折衷至当，诚足俾审音家珍获拱璧焉。因掇数语悉恿之，以快先睹云。民国十三年秋桂月　　日　　曾宗礼逊臣甫序

《南曲精选》是目前所有南曲文献中所收资料最完整、也最系统的一部。抄本最后有林鸿题词"不图此后套曲散阙，因病竟无能力续补一二，后之君子，请续缀之，是所厚望焉"。语气虽至为沉重，但也充满对振兴南音的殷切期望。

《南曲精选》1924年前后编成，恰好与王季烈、刘富梁合编昆曲经典历史文献《集成曲谱》（1925年商务印书馆出版）为同一时期，足证中国昆曲、南音同时振兴的历史机缘。今天《南曲精选》重现人间，恰好构成中国古代戏曲文献的双璧，此乃上苍对中华戏曲的特别眷恋。

我略知《南曲精选》稿本情况后，让《厦门日报》南宋兄帮我查阅了当年林霁秋后人向厦门有关部门捐赠此书的报道，抄出如下：

> 市民林崧献珍藏南曲手抄本——市文化领导部门特致函表扬

本报讯：本市市民林崧先生，最近把其先父林霁秋珍藏的"南曲"手抄本献给政府。这部"南曲"手抄本，是林霁秋生前用了二十多年搜集整理而成的。装潢讲究，笔迹挺秀端正，内容丰富，共分散集、过曲、套曲十三集四百多首南曲。每集所搜集的曲词除注明指谱、工尺、撩拍外，还叙明出处、故事来源、词目牌名等，并附有几十年前本市南曲老前辈的活动照片。据南曲界反映，林霁秋南曲手抄本较系统完整，对后辈研究和学习南曲极有参考价值，市文化领导部门特致函予以表扬。（陈绿声　记者）
（《厦门日报》1961年10月7日第1版）

为配合林家后人的捐赠行为，撰写通讯的记者第二天在《厦门日报》专门刊出一篇文章介绍林霁秋和南音情况，原文如下，以存史料：

林霁秋与南乐

绿崧

南乐是我国古老乐种之一，据说起源于隋唐时代。它的旋律优美，令人心悦神怡，因此流传至今，为广大人民所喜爱。

厦门人民提起南乐，就会联想到林霁秋，因为他曾经搜集编印了《泉南指谱重编》一部六集，为南乐爱好者所欢迎。后来，他又花了近二十年的岁月，汇集抄正了这一部现在由其后裔献给政府的《南曲》十三集（见本报10月7日1版）。这中间包括"散曲"十集三百四十三阕，"过曲"一集四十八阕，"套曲"二集九套。他给我们留下了比较系统的研究南乐的重要参考资料，也为我国民族艺术的南乐保存了一大部分遗产。

林霁秋原籍安溪，但住到厦门来已好几代。他生于1869年，酷爱南曲。但感到当时南乐虽有谱本，多数为老艺人所秘守，各人的工尺谱也未尽相同，词曲也有传讹。他就下定决心，进行搜集校订出版，让他流传。

为了搜集材料，考证正误，林霁秋花费了不少心血，不怕麻烦深入到各南乐团体，到高甲戏、梨园戏班子里，请教老艺人。据他的后人转述，"汝因势"这一套曲谱，演唱关于寿昌寻母的故事，但和旧时梨园七子班所扮演情节不符，他就到戏班中和鼓手老艺人一再研讨，务求对证无误，方才定稿。在校订有关陈三五娘的乐曲时，也到泉州旧书坊搜求有关《荔镜传》资料，来参考对证。为了使老艺人秘守的曲调不致湮没，他辛勤求教于老艺人之间，得到口授即谱入工尺。在做这工作的时候，他年纪已经很大了，但还是很认真地工作，眼花了，他挂上双副眼镜，左手拿放大镜，右手执笔，仔细谱写。从抄本上工整的字迹，可以看出他工作时严肃认真的态度。

林霁秋除了在1921年编成《泉南指谱重编》六册出

版外，又继续手抄编了这《南曲》十三集，从这手抄本第一集的序言得知，他原计划汇集到六百阕，分成二十集，不幸他于七十五岁时（1943年冬）去世，没有完成原来计划。但就这十三集，也是值得珍贵的文化遗产。他在临终时，还谆谆嘱咐他的孙子要细心保存这十三集抄本，要经常取出晒日，以免遗失虫蛀。因此，这一部珍贵南曲抄本至今仍保存得很好。（《厦门日报》1961年10月8日第3版）

据此可大概了解《南曲精选》成书及保存情况。林家后人捐出此稿本后，得到了政府有关方面的重视，政府意识到了《南曲精选》稿本的珍贵价值，随后不久，组织专人抄写全稿，以防不测。当时《厦门日报》也专门报道了这方面的情况：

复抄《南曲》

市文化领导部门为了使南乐界对南曲的研究更好地开展和避免林崧先生所献其父林霁秋生前汇编的《南曲》手抄本日久损坏散失，经决定将这部手抄本，由市博物馆珍藏，并组织了抄写人力，按照这部南曲的装订、规格、字体、插图等，进行复抄五部，以便供省和中央有关部门研究参考。

这部《南曲》复抄工作，根据四位誊写人估计，单抄写词和撩拍（即指谱）等，一个人抄一部就得抄写半年多的时间，其中插图及照片的复制时间尚不计在内，目前抄写工作已进行多日，市文化局还邀请本市南乐界老艺人进行校对。（绿）（《厦门日报》1961年10月19日第1版）

二十世纪六十年代初，去林霁秋离世时间尚不很长，其后人尚在，当时报道应当比较真实可靠。现在我们可做如下判断：

《南曲精选》原稿本保存在厦门博物馆，但中国机构经常变更，又经历"文化大革命"，环境变迁，迄今已近一个甲子，目前查验到它的真实保存状况已属不易，或许早已不在世间，这可能也是这么多年来所有研究南音的学者均不曾寓目的原因所在。我所得《南曲精选》应当是五部抄本中的一部，其余四部目前尚不知下落。按一般逻辑，重抄的五部《南曲精选》应当送交省及国家相关文化部门，如文化部、图书馆等，但由南曲研究者引述史料细节推理，他们均知世间有《南曲精选》一部，但因没有细检存世线索，所以无人知其下落，在一般印象中似乎这个稿本消失了。

为引起南音研究者关注，2013年，我让北京泰和嘉诚的老朋友刘禹兄将此书在当年的春季拍卖会上亮相一次（见《泰和嘉诚拍卖图录·古籍文献·碑版法书》第二辑第889号，2013年5月26日，北京），但无人留意，最后流拍了。北京朋友说他们给相关研究者均寄了图录，特别是听说泉州有家新建的南音博物馆，他们也专门将拍卖图录寄送过去，可惜没有引起重视。

我初以为这部《南曲精选》是林霁秋原稿本，现在看来不是，是那五部抄本之一，但抄得相当精美，我未见原稿不好简单相比，但依一般对稿抄本的了解，应当说抄本也极难得了。一个学者一生的心血在瞬间消失，总是令人惋惜的事，好在天不丧斯文，没有让《南曲精选》从世间彻底消失，霁秋先生当含笑九泉了。

人生有奇遇，有时和朋友喝酒，偶及此事，我颇多感慨，我说我北人南来，不为其他，可能即是为保存这部抄本。如果这部抄本没有严重虫蚀，书贾一定会仔细翻看，而索价甚昂，我也只能望书兴叹；如我日日在厦门漳州校区往来为本科生上课，哪有闲工夫流连书肆。我在恰当的时候南来，又在恰当的时候意外不上课了，才有幸遇到《南曲精选》抄本，或许此是天意。周宁兄是戏曲研究专家，此前我们并无深交，而他忽发奇想让我南来教书，难道是冥冥之中呼我来护佑这部《南曲精选》？不是自作多情，也许言过其实，但那感慨却是真实有过。我曾和周宁兄谈及此书，我谓老兄让如何处理即如何处理。周兄则答慢慢来慢慢来。岂料周宁兄忽有沉疴，我也心灰意冷。如今我行将退休，决意告老还乡，我要让《南曲精选》留在闽南的土地上，但还不知这个缘分在何时何地才会出现。

# 苏逸云《卧云楼笔记》《卧云楼笔记续刊》

苏逸云（1878—1958），又名寿乔，号卧云居士，福建龙岩人，清末被选为省谘议局议员。1912年出任光泽县知事四年，1916年北京重开国会，苏逸云进京任众议院秘书，不久回福建任省长公署机要秘书。民国八年（1919）后，受聘为《龙岩县志》总纂。1922年被推为龙岩县知事，任职十个月。1928年举家移居厦门鼓浪屿，在海军司令部督办的堤工处担任秘书。抗战爆发后南渡新加坡，在星洲日报等报馆任编辑。1947年5月回国，1949年4月去香港，后往马来西亚槟城养老，1958年在槟城逝世。有《卧云楼笔记》《卧云楼笔记续刊》等著述。

苏逸云已刊著述，目前仅见《卧云楼笔记草稿》《卧云楼笔记》《卧云楼笔记续刊》三种，版本情况如下：

《卧云楼笔记》出版前，曾有《卧云楼笔记草稿》上下册印行，为苏逸云稿本影印，但流传不广。《卧云楼笔记》即是草稿本基础上的排印本，略加增删后，1940年8月由上海洪兴印刷所铅字印刷，编为七卷，分上下两册。署名为：著作者卧云居士，编辑者吴剑秋，校勘者苏福畴，版权页标明卧云楼出版社，可判断是私人自印。书名署采之题写，书前有作者各期照片多幅并杨士鹏、陈震、王振先序三篇及作者自序一篇。

苏逸云在自序中说："乙亥季夏，穷岛无聊，长日漫漫，久居郁郁，因为客窗闲话、岩中人语、存影录、修志新语，吾斯未信录之辑。书成，署《卧云楼笔记》，从夙好也。编中仅述所闻所见所经历，无关宏旨，间涉神鬼星卜细故，语皆翔实，未敢矫诬一撮地也。"

《卧云楼笔记》虽出地方名人之手，但苏逸云见多识广，阅历丰富，有传统知识训练，又有现代知识眼光。《卧云楼笔记》不仅保存大量福州、厦门及龙岩、光泽等地史料，更有作者游历祖国山河，遍访名山大川的闻见记录及交游记述，在近代笔记中，虽不算知名，但文史价值很高，极有必要重印，使其广为流传。

笔记是中国传统文体，因这种文体便于叙事、议论、抒情，同时也可将一切期待表达的东西自由组合其间，所以笔记可称是中国文人最喜欢选择的叙述方式，它常常可以将记人记事、诗话书评以及保存文献等多项功能集为一体。尤其地方性知识，一般都保存在笔记文献当中。《卧云楼笔记》中关于厦门地方知识的记述非常丰富，特别是"岩中人语"一卷，可认为是关于龙岩的一册专书，研究现代龙岩政治社会，民俗人情，地方风物，名胜古迹等，《卧云楼笔记》应当是最重要的文献之一。

苏逸云1928年移居厦门后，对当地风俗观察细致，《卧云楼笔记》中多有记述，如关于"拖鞋"的起源，苏逸云的记述可补中国服饰史之不足。苏逸云注意到"厦市妇女，喜拖鞋游行市上。菲律宾、南洋群岛制者，价值数金，费亦不赀矣。汉书地理志，述赵中山民俗，谓女子弹弦跕躧，游眉富贵。师古曰跕躧，蹑也。躧，小履之无跟者。拖鞋殆其遗制"（上册第26页）。

因为在鼓浪屿居住，苏逸云自然留意当地名胜，《卧云楼笔记》中关于鼓浪屿的记载很多，史料尤显珍贵。苏逸云对当时鼓浪屿的感受是"鼓浪屿、香港，海边一岛耳。洋楼高矗，古迹寥寥。鼓浪屿仅有郑延平水师台及陈士京逋庵墓耳。香港仅有九龙城宋王台及赤湾宋帝坟耳。海隅文化落后，无怪其然"（上册第28页）。

苏逸云记鼓浪屿名胜，描述细致，有文有史，常在怀古幽思中，为后世保留了珍贵的史料。苏逸云记述"鼓浪屿鸡母山麓，陈士京瘗骨处也（碣书'遁庵之墓'，左书'陈齐莫先生嘱笔'，下有'自志'二字，亡国遗臣虽死不自由也）。京字齐莫，鄞人。鲁王时，官光禄寺卿，于屿中筑鹿石山庄。又筑生圹于其旁，卒，葬焉。平日赋诗，别署海年渔长。著有《束书后诗》《喟寓卮言》《海年集》等。今庄已无存，墓仍夹马路中，与延平阅操台并峙，行人过此，不尽低徊"（上册第42页）。

苏逸云在厦地颇有文名，他笔记中对于自己参与的各种活动，也常用真实笔调记录下来，不但抒发自己的切身感受，同时为后世留存珍贵文史资料。厦门中山公园题记，过去常误认为林国赓所写，读《卧云楼笔记》，方知出自苏逸云手笔。苏逸云对厦门中山公园的描述极为生动，令人想起欧阳修《醉翁亭记》。苏逸云写道："厦市中山公园颇壮丽，琵琶州尤天然。予拟联云：闲云微漾舟中影；流水时闻弦外音。出城东南里许，有鸿山寺。厦志：鸿山织雨，指此。拟联云：鹭岛风高掀作浪；鸿山雨细织成帘。又曾代林向今司令作公园记，录下：民国十六年，国赓督办厦市政，承杨部长命，规建公园。以周会办醒南董其事，崎山盐草河间，山水殊胜，河南北多民居，重价购之，园址乃大拓。图凡数易，始鸠工。周筑短垣，外环马路，辟门四，来者便焉。内浚两溪三河，架桥十有六，亭台池馆，篾榭场圃、圆社华表丰碑之属，因地区处，惟备惟宜。而古木蓊郁，曲径纡回，海浪掀空，云根耸壑。崎山一隅，尤具天然胜概。园广袤二千零七十三公亩有半，历三稔始成。迁民舍二百四十五家，买地费三十三万五千余缗，工程及常费，费三十七万四千余缗，悉取新区溢利充之。游斯园者，览规模之宏远，建筑之牢致，谓东南数省区，此其选也。因功余，实则创议者杨部长，聿成者周会办。余何有焉。园名系以中山，从民望也。"（上册第34页）

野史笔记相对正经正史，似有不足为信之评，但在中国文史传统中，正史的不足常需野史笔记来补充，陈寅恪治史经验中，野史笔记占很高地位。有些遗失的文献，有时恰好保存在野史笔记中。《卧云楼笔记》中此例常有。苏逸云记述："厦市规模粗具，周会办拟于五老玉屏二山之间筑思明台，唤醒国魂。予题其议，为作启募捐。甫筑二亭，台未动工，而周已离职，至足惜也。启录下：有明秕政多于前代，而市号思明者，非思明朝也，思郑氏而已，非思郑氏也，思民族精神而已。清人入关，亦既奄有夏甸矣。郑氏独举区区厦岛与之抗，其富于民族性为何如者。今者国难方殷，不抵抗主义弥漫国中，痛今人之荼靡，益穆然于古人之不可及。适有事于虎溪公园，因筑台五老玉屏山间，即以县名名之。杜子美诗云：鱼龙寂寞秋江冷，故国平居有所思。诸君其有思乎？愿有以成之。民族前途，实利赖焉，

非徒侈游观已也。"（上册第84页）

这则史料对于今天厦门的市政建设似也不无裨益，《卧云楼笔记》中类似史料时有所见。苏逸云回忆担任《龙岩县志》总纂经历时，即保存了一则重要的张元济史料。苏逸云说："予修志时，搜罗私家藏本，各姓谱牒，仿福建通志轶事丛谈例，编杂录中者，计八十一则。今择优附此，一扬乡贤遗事，一存搜讨苦心，且岩经丧乱，志书散佚，尤思有以存之。书曰：聪听祖考之彝训。诗曰：虽无老成人，尚有典型。此物此志也。附张君元济函：近见公司代印贵县新志，业已竣工。展阅一过，在近时所出志乘中，可推杰作。知系阁下总其成，曷胜钦仰。窃谓吾国省府州县，均有志乘，贯穿古今，裨益国史，实为吾国独步之作。曩岁美国华盛顿国会图书馆馆员施永高君过沪，谓非数千年文明先进之国，不克有此。可谓确论云云。"（下册第85页）

此则史料既可认为是对民国《龙岩县志》的整体评价，也是对"县志"这一中国传统历史编纂体例的赞美。

《卧云楼笔记》记载当世文人活动相当丰富，闽地重要文人如陈宝琛、高雨农、郑孝胥、林纾、李宣龚、梁鸿志以及地方诗人文友交往等，书中均有记录，有些得自传闻，有些则为作者亲历。如关于高梦旦，苏逸云写道："闽侯高梦旦先生，近届诞辰，胡适之寿以联云：走路吃肉骂中医，人老心不老；喝酒写字说官话，知难行亦难。知友闻之，均轩渠不已。"（上册第87页）这则文坛掌故，过去以为联语出自丁文江之手，而苏逸云记为胡适，似较为切近真实。

《卧云楼笔记》记载厦门现代诗坛活动也很详细，有些记述不但叙述了活动时的情景，更有对参加人物及诗作的完整记录，笔记中许多记载，可当"诗话"来读，研究近现代厦门旧诗创作情况，此书当是重要参考史料。苏逸云回忆道："乙丑秋，游厦与杨抟丈、王复初、龚惕庵、杨稚云等相唱和，不浃旬，积稿颇多，名曰鹭江唱酬录。记复初题虎溪岩拍影句云：最是登临多难日，不堪怅触旧游年。予病欲归未得，移居南普陀。起云：韦庄无路到三秦，群盗如毛患有身。抟丈句云：悬知白鹤峰高矗，倒笑元亭路久荒。好共南丰招玉局，明朝风雨莫需防。诗成重阳前一日也。惕庵句云：水上萍飘聚数点，镜中葭倚审前因。竞天兵器方闻雁，赴壑年光自去人。予游虎溪岩绝句云：潮来鱼艇行之字，知是鹭江第几湾。试向稜层栏上立，天声人语不相关。和复初句云：任他说法天花坠，我比石头偷更顽。又云：朝市而今都是秦，桃源何处可容身。客中有友能知我，方外无官亦薄人。其余各诗，已忘之矣。"（下册第106页）

《卧云楼笔记续刊》，1949年2月由香港星岛日报社印行。

编辑者林霭民，校勘者苏福禧，发行者卧云楼出版社，体例与《卧云楼笔记》相同，编为七卷，铅印一册。所不同者是《卧云楼笔记续刊》卷七附录有"海外文存""南游诗草"，可看成苏逸云的诗文集。本集"客窗闲话"后单列一节"共荣圈见闻录"，记日据时期马来西亚的真实社会情况，弥足珍贵。

苏逸云虽是旧文人，但不缺现代知识。《卧云楼笔记续刊》中有一节记当年美国大选，可见其对现代民主政治有深刻感受。苏逸云写道："美国此次改选，共和民主两党，竞争烈矣。但罗斯福当选后，威尔基氏电贺之，且力赞之，此政党政治风范也。我国则不然。民国初年，党见纷歧，如一党在朝，他党则龃龉之，破坏之，务达目的而后已。盖外国政党，多以国为前提，我国政党，则以党为前提。"（第57页）

《卧云楼笔记续刊》因在香港印行，流传极稀，而内中史料又异常丰富，重印非常必要。书中有苏逸云很多读书、读史、读《易》的笔记，具很高学术价值。例如鼠疫在中国的起源及传播，《卧云楼笔记续刊》中的一条史料即发前人所未发。苏逸云指出："鼠疫杆菌，虽发现于公元一八九四年，而来源当必甚远。诗《小雅·正月篇》云：'瘨忧以痒。'瘨本可通鼠。惟笺云：'瘨，忧也。'瘨即训忧，何以又云鼠忧。传云：'鼠、痒，皆病也。'鼠即训病，何以又云痒。余意鼠忧当即鼠疫。

或者此病曾发见于周时，经一度绝灭，复发生于近代。盖社会繁杂，疾病丛生，有古无而今有者，有古有而今无者，亦必有古有而无，而今复有者。现云贵两省，呼鼠疫为'痒子病'，当根据'瘨忧以痒'一语。余说似不过于武断。"（第60页）类似精妙的读书心得，《卧云楼笔记续刊》中时有所见，苏逸云能用现代知识回看中国传统典籍，许多见解极富启发意义。

# 丘菽园《挥麈拾遗》

丘菽园(1873—1941),名炜菱,字萱娱,号菽园。又有啸虹生、星洲寓公等别号,福建海澄人。二十一岁乡试中式。幼时随父定居新加坡,为著名报人和诗人,享有"南洋才子"和"南国诗宗"之誉,一生以在新加坡传播中华文化为己任,中日甲午战后,康梁倡导维新,他曾深表钦佩,于1898年创办《天南新报》,自任总理兼总主笔,鼓吹改革。

丘菽园著述甚富,主要著作包括诗集《丘菽园居士诗集》《啸虹生诗钞》;笔记《菽园赘谈》《五百石洞天挥麈》和《挥麈拾遗》等。新加坡关于丘菽园的研究很多,如王志伟《丘菽园咏史诗研究》《丘菽园咏史诗编年注释》(新社出版社,2000年)等。谢国桢《明清笔记谈丛》有对《菽园赘谈》的评价,认为记载中日甲午战争后新加坡情况的笔记当推《菽园赘谈》。谢国桢说丘菽园是"留心时事的有心人"(《明清笔记谈丛》第120页,上海古籍出版社,1981年)。

一般认为《五百石洞天挥麈》《挥麈拾遗》是两种笔记，其实是"诗话"作品。中国古代诗歌理论和诗歌批评，最重要的文体形式即是"诗话"。近年专门研究"诗话"的著作不少，如张寅彭《新订清人诗学书目》、蒋寅《清诗话考》等。因为中国古代"诗话"著述多在书名中出现"诗话"二字，而书名中未出现"诗话"二字的著述相对容易被遗忘。蒋寅《清诗话考》中虽将《五百石洞天挥麈》《挥麈拾遗》列入书目，但在"清诗话经眼录"章节中，没有提《挥麈拾遗》，可判断为此书稀见，而《五百石洞天挥麈》易得。

《挥麈拾遗》线装两册，1901年铅印，列为"星州观天演斋丛书"，全书共六卷，每卷单独标注页码。书前有陈范序及丘菽园自序各一篇。

《挥麈拾遗》体例和传统"诗话"体例稍有区别，即书中偶有溢出"诗话"的叙述，但此类内容在书中比例很少。关于书的体例，丘菽园曾明确指出："诗话与诗选，皆辑录他人之诗，其道本同，而体例则异。诗选遇佳诗必录，且不妨多录，篇首或偶缀叙略评赞与否，均从其便。诗话所重在话，涉及一人，必叙及一人之出处，录及一诗，必评及一诗之优劣，苟其诗有与吾话相发明者，即录之，不必定是佳篇，又其诗过于长者，为节省篇幅计，割爱不录。故诗选可供同好读，诗话只供同好观也。撰诗话者，能知此意，则其例余较宽。余于戊戌一岁，成五百石洞天挥麈十二卷，今撰挥麈拾遗，于前月上浣命笔，其以卒岁成书六卷，非自宽其例，又安望脱稿如是之迅速乎？"（下册卷六第8页）

《挥麈拾遗》对晚清多数诗人均有评价，有些得自文献，而多数是作者亲历感受。作者本是诗人，所述晚清诗坛掌故真实可靠，对了解晚清诗坛很有帮助。有些掌故虽与其他著述略有重复，但依然可作参证史料。如记陈宝箴、陈三立父子，丘菽园认为："陈右铭中丞哲嗣伯严主政（三立），胸罗雅故，笔草高文，所交多海内知名士，中丞力行新政，伯严常多赞议，湘省部民称之为贤父子焉。伯严以弟子礼事湘潭王壬秋先生（闿运），素从问奇字，王先生老矣，年八十余，凡吾国旧学家小学、经学、史学、子学、金石、考据、诗歌、词曲、骈散体文，靡不博通淹贯，专门名家。享盛名者数十年……或传一日伯严侍中丞侧，中丞顾问王先生何如人，公子对曰，东方岁星游戏人间一流也，中丞微笑颔之。既复作谐语告公子曰，吾心不解古之绝代佳人作何状，若王先生者，真个一绝代佳人矣。汝幸自持，慎勿被其引到旧学窝中，溺而不返也。人咸以中丞此喻，谓有晋人清谈之风云。"（上册卷二第5页）

《挥麈拾遗》对多数晚清诗人均有评价，可存史料，可资参考。涉及诗人相当宽泛，如赵瓯北、张之洞、易顺鼎、康有为、章太炎、严复、张际亮、林昌彝、朱九江、潘兰史等等，同时对闽粤当地诗人也很关注。也常有对清代大诗人的评价，如论钱谦益，丘菽园有这样的评价："钱谦益诗集，传至乾隆时代，始因字面违碍销毁，其人品节心术，殊无足取，若就诗论诗，则亦明末国初之豪士也。七言近体，尤为秀致天成，有肉有骨，亦沉亦丽，是盖专力于浣花草堂者。"（下册卷五第21页）明指钱诗得益于杜诗，而将诗与人分列评价，确是知人之论。

丘菽园论唐诗也时有新见，他认为"白香山诗集，以新乐府为生平第一，七古虽享盛名，只是长恨歌琵琶行两题，独称绝调。两题之中，琵琶行优，长恨歌稍嫌近冗，此外仍觉七律擅场，以志和音雅，情深文明，非后人所易几及，若长韵斗胜，则杜工部之后，才力之大，亦宜首推"（上册卷二第17页）。陈寅恪后来对白居易的评价，大体也是这个判断。

丘菽园还告诫学唐诗者"学杜而太仿杜，固是不得，苟全遗杜之面目，亦未尝为得，此自为成诗以后之人言之，若就初学者立说，学杜而径由杜入手，浩博无涯，古拙凝重，仍属一无所得，大抵先河后海，性各有近。其缜密雄浑者，宜从义山，其质实渊永者，宜从眉山，其苍凉感切者，宜从遗山"（上册卷二第 17 页）。

《挥麈拾遗》为近世被遗忘的珍贵"诗话"著述，及时影印出版，对保存乡邦文献和繁荣学术均有益处。

# 丘菽园《菽园赘谈》

丘菽园《菽园赘谈》在晚清笔记中虽偶有提及，但尚未得到应有重视，以下分几个方面略加介绍：

## 一、版本

初版《菽园赘谈》凡十四卷，光绪丁酉（1897）香港铅印本，共八册。书前有曾宗彦短序，由叶苕棠手书上版；叶苕棠短序，则由李季琛手书上版；随后是黎香荪七言排律题词，接着是李琛汝、李启祥、潘飞声序言。接下来是达明阿、刘允丞、邱屏沧、李麟、马子般、曾宗璜、林泽农、林景修、王玉墀、黄镳、浮查客、许允伯题辞，题辞尾有许克家短序一则。此即《菽园赘谈》初版本，流传不广。

流传较广的是七卷本《菽园赘谈》，光绪辛丑（1901）重编七卷，上海铅印本，编为四册。七卷本前有潘飞声、李启祥、许克家、叶苕棠、侯材骥序及作者丘菽园"小引"一则，"小引"后有丘逢甲长序一篇，盛赞该书"上而谈国家政教，下而谈乡间礼俗，远征三代，近取四国，正襟而谈，骎骎乎与道大适，是盖究心古今中外之书，卓然与先正之善谈者埒"。书后附曾宗瑛、谢鸿钧跋两则，另有曾昭琴《刊刻答粤督书缘起》并《答粤督书》，最后刊有丘菽园《庚寅偶存》及短序一篇，系丘菽园诗稿，并附丘菽园《壬辰冬兴》十六首及黄乃裳短序。

《菽园赘谈》十四卷本印出后不久即又刊行七卷本，原因有二：一是十四卷本为香港中华印务总局用仿聚珍版排编，已经散版；二是十四卷本讹误颇多。丘菽园说："赘谈虽属已赀付印，然星、香万里，不能自校，仅以托诸坊贾，草草蒇事，故讹字尤多，亦有原稿本讹，考据未审者，此则急于成书之弊。出书后，屡承闽县曾幼沧侍御师宗彦、番禺李石樵秀才启祥函纠讹字。今又得台湾家仙根工部逐卷校勘。"此本编校胜于十四卷本，后世多以此为正本。

宣统元年（1909），张延华以"清虫天子"笔名辑"香艳丛书"，约三百三十五种分二十集十册，大体包罗隋至晚清间有关女性和艳情的小说、诗词、曲赋等。《菽园赘谈》以节录本形式收入丛书第八集，近年有上海书店出版社、人民文学出版社原刊影印本，人民中国出版社新刊整理本。除此之外，未见《菽园赘谈》有其他版本流行，在晚清笔记中，尚属稀见。

## 二、保存"公车上书"史料

"公车上书"是中国近代政治史上的大事,但关于此事学界历来有不同的评价,对于真实历史详情,也认识各异。丘菽园与康有为相识,"公车上书"发生时,恰在京师,是这一历史事件的亲历者。事件发生后不久,丘菽园有两次追忆,虽文字存诸多差异,但由此可窥知此前未知的若干史实,同时对康有为《公车上书记》的刊行也具补正作用。光绪二十年(1894),丘菽园以福建籍举人身份,北上参加会试。康有为发起联省公车上书,丘菽园亲见康有为《上清帝第二书》传抄稿,后以《截录康孝廉安危大计疏》为题,大段摘录于《菽园赘谈》中,篇后附有跋语,回忆自己当年参与"公车上书"的情形。丘菽园对康有为一直念念不忘,不仅将康有为所撰《上清帝第二书》收入《菽园赘谈》,附跋纪念,更于光绪二十四年(1898)与林文庆在新加坡创办《天南新报》,自任社长,从侧面呼应康有为等人的变法举动。"戊戌政变"后,丘菽园主动赠金康有为,并力邀其赴新加坡。光绪二十六年(1900)正月,丘菽园与康有为首次晤面,两人一见如故,不仅多有诗歌唱和,更在政治上加强了合作。后丘菽园与康有为绝交。在重编《菽园赘谈》时将《答粤督书》(即《上粤督陶方帅书》)附于书后,虽详述与康有为绝交原因，但依然将《截录康孝廉安危大计疏》收录书内并将跋语大加修正，较十四卷本有"新增"而无"删汰"；对于"公车上书"的描述，也与前稿有较多不同。中国近代史学界对《菽园赘谈》的重要性早有定评——是研究康有为和"公车上书"的首选史料。

## 三、西方科学知识在近代中国的传播

丘菽园虽是传统读书人，但早年游历域外，眼界开阔，善于吸收新知，是中国早期开眼看世界的知识分子，能将西方知识与中国传统知识对接。《菽园赘谈》中有多篇涉及西方知识在近代中国传播的史料，如《化学原质多中国之物考》，将现代化学元素与中国传统事物对应，并寻出其大体来源，可谓中国早期关于科学史的研究文章，今天也不失其参考价值。

《菽园赘谈》卷五有《说照像》一文，是较早介绍西方照相术在中国传播的史料。

丘菽园说："西人照像之法，全靠光学妙用，而亦参伍以化学。其法先为穴柜，按机进退，借日之光，摄影入镜中，所用之化学药料，大抵不外硝磺强水而已。一照即可留影于玻璃，自非擦刮，久不脱落。精于术者，不独眉目晰，即点景之处，无不毕现，更能仿照书画字迹逼真宛成缩本，又能于玻璃移于石上，印千百幅，悉从此取给，新法又能以玻璃作印版，用墨拓出，无殊印书，其便捷之法，殆无以复加者。"

这则史料不但说明照相术在中国的早期传播，同时也将石印技术的要点做了提示，可认为是石印技术在中国传播的重要史料，对中国印刷史研究有重要意义。丘菽园在这则笔记中还提到王韬《瀛壖杂志》中一则史料，是王韬咸丰同治年间在上海所见，认为现在照相术"更日异更新，不用湿片，而用干片，坊间有照干片像法之译本，阅之颇可了了，惟不易精耳"。同时谈到新出现的夜间电灯照相法。丘菽园提到，1895年，他在新加坡"曾向德国人兰末氏假得此项机器一试其用，略带黝色，究不如日间所照为妙。计电灯全副十七盏，燃之光耀四射，倘开夜宴，以之照取人物亦颇不俗，今未盛行"。由这个经历，可以判断丘菽园是中国较早试用电灯光照相的人。文章还谈到新出的摄影器具，他说镜箱"亦分数等，佳者贵重不易得"，构造亦各不同，照人物面貌宜用"亮镜"，照山水名胜宜用"快镜"，"各极其妙，而不兼长"。丘菽园还注意到西人又制成供医疗治病用的新镜箱，"以之照人，能见人身骨朵"，"凡遇肢骨损伤，皆可一照而知，此医门卫生法宝也"。这些记述可视为西医造影技术在中国传播的早期史料。另外如《日月之食》，比较中西对这一天文现象观察的异同，也具新见。丘菽园对中西医的比较认识，也非常深刻。他在《疾病古今异称附中西医略》中认为"中医善治无形，西医善治有形，则各有所长也。中医化学未明，西医方隅或囿，则各有所短也。西医从考试出身，中医恒师心自用，则不得不让彼善长也，安得以彼之长济吾之短，然后博考其或长或短之故，调济以至于中，则善之善也"。

近代西方知识在中国的传播，较少专门著述，史料一般多散见于书信、日记及笔记中，《菽园赘谈》中保存了很多这方面的史料线索。

## 四、晚清小说史料

1960年，阿英编纂《晚清文学丛钞·小说戏曲研究卷》，将《挥麈拾遗》《五百洞天石挥麈》《菽园赘谈》及丘菽园发表在其他报刊上有关小说的评论，用丘菽园新加坡的斋名"客云庐"题名，汇编为五卷《客云庐小说话》，可见阿英对丘菽园小说评论的高度重视。

丘菽园喜读晚清小说兼及当时译介过来的西洋小说，在他这一辈旧文人中，对小说形式的关注和评价有非常自觉的意识，特别是对晚清小说在开启民智过程中可能产生的重要作用，与梁启超名文《论小说与群治之关系》的见解相同，时间比梁启超文章还早一年。丘菽园在《小说与民智关系》中指出："吾闻东西洋诸国之视小说，与吾华异，吾华通人素轻此学，而外国非通人不敢著小说，故一种小说，即有一种之宗旨，能与政体民志息息相通。"从丘菽园《新小说品》所开列当时新小说的名录可看出，晚清新出的各类小说及新译小说，丘菽园多曾寓目。他对中国小说的许多考证和见解，值得研究中国文学史的人注意。如丘菽园在《小说闲评七则》中认为："《红楼梦》一书，不著作者姓名，或以为曹雪芹作，想亦臆度之辞，若因篇末有曹雪芹姓名，则此书旧为抄本，只八十回。倪云癯曾见刻本亦八十回，后四十回乃后来联缀成文者，究未足为据，或以前八十回为国初人之旧，而后之四十回，即雪芹所增入，观其一气衔接，脉络贯通，就举全书笔墨，归功雪芹，亦不为过。"这些认识在《红楼梦》研究中，至今不无参考价值。

丘菽园对《儿女英雄传》的评价是："自是有意与《红楼梦》争胜，看他请出忠孝廉节一个大题目来，搬演许多，无非想将《红楼梦》压住，直如项庄舞剑，意在沛公，才多者天且忌，名高者矢之鹄，不意小说中亦难免此，然非作《红楼梦》者先为创局，巧度金针，《儿女英雄》究安得阴宗其长而显攻其短，攻之虽不克，而彼之长已为吾所窃取以鸣世，又安知《儿女英雄》显而攻之者，不从而阴为感耶。《红楼梦》得此大弟子，可谓风骚有正声矣。"

丘菽园认为"《红楼梦》彻首彻尾，竟无一笔可议，所以独高一代，《儿女英雄传》不及《红楼梦》正坐后半不佳"。他对《花月痕》的评价是："亦从熟读《红楼梦》得来，其精到处，与《儿女英雄传》相驰逐于艺圃，正不知谁为赵汉，若以视红楼，则自谢不敏，亦缘后劲失力故也，就使后劲，要也未到红楼地位。《花月痕》命意，见自序两篇中，大抵有寄托而无指摘者近是，人见其所言多咸同间事，意以为必有指摘过矣，亦犹《红楼梦》一书，谈者纷纷，或以为指摘满洲某权贵某大臣而作，及取其事按之，则皆依稀影响，不实不尽。要知作者假名立义，因文生情，本是空中楼阁，特患阅历既多，瞑想遐思，皆成实境。偶借鉴于古人，竟毕肖于今人，欲穷形于魍魉，遂驱及于蛇龙。天地之大，何所不有，七情之发，何境不生，文字之暗合有然，事物之相值何独不然。得一有心者为之吹毛求疵，而作者危矣；得一有心人为之平情论事，而观者谅矣。"

丘菽园对晚清小说的评价，多用中国传统评点形式，但见解鲜明，颇有见地。他对《品花宝鉴》评价较高，而对《金瓶梅》评价一般。《菽园赘谈》保存了丰富的晚清小说史料，研究晚清小说，不可不读。

# 六、地方人物传记史料

清人笔记，因作者阅历不同，各有侧重。有专载朝章礼制的，有只记掌故旧闻的，也有多记诗歌唱和的。《菽园赘谈》虽各类兼备，但总体观察，内容除地方风物礼俗外，多涉诗话、科举制度、方言音韵，同时还有一个特点是多地方人物传记史料。

清人笔记本来就是一种自由文体，《菽园赘谈》中保存了丰富的地方人物传记史料，如研究晚清闽地乡绅、文人，可资取材处甚多，因所记多同时代人物事迹，真实性更强。如记林丰年、高雨农、邱萍孙、曾墨农、谢又新、张缵廷、林文庆等地方名人，皆有人有事，栩栩如生。如《林文庆》一节：

> 林文庆医师者，余同年友三山黄黻臣（乃裳）之快婿也。少日读书英伦大书院，学成考授一等执照，归而售技，即以字行，一时声名藉甚，咸谓林氏有子矣。君居英久，改从西装，及返星州，见夫文献遗征，慨然有用世之志，遂弃西服，仍服汉制。然犹未有室家也，或造之谋，则曰：蓬矢桑弧，某将为东西南北之人矣，何以家为。强之，则又曰：世无孟光，谁可配梁鸿者，于环岛之中，而求家人之卦，吾终咏雄雉朝飞乎。友人知其意有在，阴代物色，久之始得，即黄公之女公子也。籍隶榕垣，生而不俗，幼随美国教会女塾师诵习，能通欧西语言文字，熟精医学，平

生游踪几环地球之半。李傅相使俄返命，与之邂逅太平洋邮船舱面，手书褒嘉为中国奇女子云。今冬行将南下成合卺礼，适余归舟相左，不及见。闻君夫妇虽俱谙西学，然无西人习气，此尤足多者，故特表而出之。

一般研究林文庆的著作，极少用到如此生动的史料，《菽园赘谈》可称闽地人物传记史料宝库。

丘菽园见多识广，尤能将中西知识作比较观察，凡遇新鲜事物，常能详细搜集史料，旁征博引。如《缠足》一篇，细述缠足在中国的起源及演变，可谓一篇缠足小史。他从李白、韩偓、杜牧、吴均等人诗中，寻出唐人亦有缠足现象，成为后来研究缠足史者所必引史料。《烟草》一节，最早指出烟草由明代天启、崇祯年间传入中国，并指出烟草之害，可视为中国早期烟草传播及戒烟史宝贵文献。

《菽园赘谈》在晚清笔记中虽不特别知名，张舜徽《清人笔记条辨》、徐德明《清人学术笔记提要》均未提及，但其重要性无可怀疑，重新影印，对保存地方文献及繁荣学术，均大有裨益。

## 贺仲禹《绣铁盦丛集》《绣铁盦联话》

贺仲禹（1890年生，卒年不详），字仙舫，惠安螺阳人。贺父曾在惠安行医，他幼年在惠安教会学校学习，后入英国伦敦会在鼓浪屿主持的澄碧书院读书，从教会学校毕业后，因具古文辞造诣，被英华书院聘为国文教师。

贺仲禹长于诗词歌赋，在厦门享有盛誉，与鼓浪屿名人多有结交，曾任厦门巨贾黄奕住家庭教师，为其爱女黄萱讲授国学知识。后出任《东南日报》总编，同时兼任双十中学国文教员，并撰该校校歌，双十校训"勤毅信诚"即出贺仲禹所作校歌。

《绣铁盦丛集》《绣铁盦联话》为贺仲禹一生仅见著述，从未再版，流传不广。"绣铁盦"系贺仲禹斋名，源于他的一副联语："绣针度罢惭花样；铁砚磨余笑非才。"《绣铁盦丛集》中贺仲禹肖像两边即书此联。

《绣铁盦丛集》共两册，第一册1926年10月印行，第二册1928年10月印行，发行者署"厦门新民书社、鼓浪屿圣教书局和闽南职业学校"，二书均为铅印六十四开本，编辑体例相同。

第一册前有汪煌辉、鄢耀枢两序，正文以文、诗、诗余、墨余分类。

第二册前有林文庆、汪煌辉、杜印陶三序，另有沈绣莹（傲樵）、李禧、杜印陶、汪煌辉、弢聿、陈桂琛、江煦题诗，正文缺"诗余"项，其他同前册。

《绣铁盦丛集》是贺仲禹当时文章结集，保留了非常丰富的厦门文史资料，研究二十世纪二三十年代厦门地方文化活动和文人交往以及鼓浪屿当年盛况，不能不读此书。菽庄诗社早年的文人雅集及诗作出版活动，因事涉东南诗坛旧诗创作兴盛史实，近年颇受关注，直接的史料相对易得，而间接的史料则不易获知。贺仲禹是菽庄诗社成员，《绣铁盦丛集》中关于菽庄诗社的史料时有所见，不但有贺仲禹自己的诗作，亦有和诗社成员相互唱和的记录。另外，《绣铁盦丛集》中关于外国传教士和福建牧师在鼓浪屿的活动也很丰富，保留了许多宗教方面的史料。

《绣铁盦联话》是贺仲禹关于联语知识、历史及掌故的专书，附在《绣铁盦丛集》中印行，以语体文完成。此册"联话"

内容相当丰富，搜罗关于联语的史料极为广阔，除各种联语史料外，也间涉福建和厦门两地与联语活动有关的人物掌故。此书极稀见，龚联寿编《联话丛编》（江西人民出版社，2000年）搜罗允称宏富，但未提及《绣铁盦联话》，可见知者甚少，此书在中国"联话"史上当有一席之地。

地方文化名人的著述，囿于当时作者声名，影响一般限于所处地域之内，向不为学界重视，但旧时代人物的交往与今天相异，虽然偏处一隅，但其中有些人物的交游相当广泛，这些地方名人的整体文化修养也相当高，识见也常不同凡响，所以在近年学术研究中，地方文献的史料地位越来越引起人们注意，贺仲禹著述即属此类。

# 谢云声《甲子杂诗合刊》《海外集》

《甲子杂诗合刊》是谢云声和苏警予诗的合集，《海外集》是谢云声生前编定，去世后由其子谢宗群整理的诗集；《菲岛杂诗》是苏警予的诗集。两个集子印行时间不同，但均为私印本，流传不广，今已难得一见，近年编纂的几种大型闽台文献丛书中均缺收，为保存乡邦文献，现合为一辑。

谢云声（1907—1967），字龙文，祖籍晋江南安，少时随父迁居厦门。曾任厦门同文书院华文部文史教员，同时兼任厦门《江声报》副刊编辑。谢云声是一位谜语爱好者和研究者，编有《灵箫阁谜话初集》等书。1931年，他和苏警予、陈佩真编辑《厦门指南》，保存了相当丰富的历史资料，至今依然是研究厦门地方的重要文献。谢云声1937年赴新加坡，任华侨学校教师、校长。抗战期间转行从商。战后重执教鞭，直至退休。

谢云声一生研究国学，擅长诗词、书法，是中国民俗学研究的先驱。1928年前后,他在国立中山大学语言历史学研究所下的民俗学会出了两本书,和中国早期民俗学研究的开创者顾颉刚、钟敬文结下了深厚友谊。他编定的《台湾情歌集》,1928年由国立中山大学语言历史学研究所印行,书前有钟敬文序言一篇,钟敬文在序言中对谢云声的学术工作大加赞扬,钟敬文说:"他的努力,真是我们所佩服感激的!他自己要说把她'来献给大家共同欣赏',其实,于艺术的鉴玩而外,这书所给予我们民俗学研究上的功绩,尤其来得巨大呢!"(《台湾情歌集》第7页,1928年4月,国立中山大学民俗学会)

1928年8月,谢云声又编定《闽歌甲集》,顾颉刚在序言中对谢云声的学术工作评价极高,他说:"希望云声先生对于闽南乐歌的研究也做一个开山祖师!"(《闽歌甲集》第11页,1928年8月,国立中山大学民俗学会)

1959年谢云声和李冰人合编《郁达夫纪念集》,由南洋热带出版社印行,其中收了他多篇回忆郁达夫的文章,很多史料是后来陈子善、王自立《回忆郁达夫》一书中未收的,这是最早一本系统编纂的郁达夫纪念文集,在中国现代文学研究史上有重要意义。

谢云声一生最为人称道的还是他的旧诗,他与中国一流文人如陈衍、郁达夫、许地山、徐悲鸿、郑逸梅、罗香林等多有交往。

《甲子杂诗合刊》全称是《随天附与庐灵萧阁甲子杂诗合刊》。"随天付与庐"是苏警予斋名,"灵箫阁"是谢云声斋名,"甲子"为1924年。诗集1926年由厦门文化印书馆印行,是一本私印诗集。诗集为32开,蓝印本。前有陈桂琛、李禧序各一篇,苏眇公题词一则,所收均为七言绝句。前为苏警予后为谢云声,除一般抒情与怀人酬赠之作外,诗集中有大量关于厦门地方风物的歌咏,除诗歌创作本身的艺术价值外,也是了解早期厦门社会生活的重要史料。

当年陈衍来厦门,接触许多厦地诗人,其中就有谢云声和苏警予。陈衍《石遗室诗话》及续编中均有对谢云声和苏警予诗的评价。陈衍说:"闽南吟人介从墨史者,有南安苏警予、晋江谢云声,远寄合刻绝句一册。苏名《随天付与庐杂诗》。《野望》云:'河山破碎入黄昏,一段荒城鸟雀喧。极目苍茫云水外,荡胸浩气接中原。'《除夕和云声》句云:'诗人竟比催租吏,剥啄催持到五更。'谢名《灵箫阁杂诗》。《听雨》句云:'添花催柳小楼东,但觉寒生万点中。'《郑延平水操台》云:'英雄无限伤心事,易代犹翻鼓浪潮。'《野望》云:'悄立苍茫何所事?四郊暝色迫人归。'"(张寅彭主编《民国诗话丛编》第1卷第393页,2002年,上海书店出版社)

陈衍为当时诗坛祭酒,能得到他的评价,可谓对诗人的极大鼓励。后来在《石遗室诗话续编》中，陈衍再次评价了谢云声和苏警予的诗，他对谢云声的评价是："晋江谢云声与南安苏警予齐名。谢有《灵箫阁诗录》，诗无多，时有警句。如《项羽》云：'不向江东重卷土，项王到死是英雄。'《谢安》云：'一局残棋支晋代，多因江左有东山。'《偶感》云：'消渴归来气不扬，《庄》《骚》灵鬼踞愁肠。'《诗债》云：'来似催租急，多如贳酒钱。'《近感》云：'倘得酒壶伴孤剑，幽州重唱子昂歌。'全首如《林藜光将之巴黎讲学赋此壮行》云：'惭愧未能策远勋，一尊浊酒壮风云。彦侯老去无人继，化雨西行又见君。'（陈彦侯为老友绍宗丈长公子，曾应英国莱丁大学聘为讲师）《过西村先生故居》云：'师友凋零感慨频，前朝文物半沦湮。即论东谷西村辈，骨董能谈有几人。'（吾厦金石书画家叶东谷、吕西村，在咸同间颇负盛名）《自题灵箫阁谜存》云：'隐书不下千余种，刻本闽南有几家。铁柱主人知我者，他年《谜传》许参加。'"

《甲子杂诗合刊》当是谢云声和苏警予的第一本诗集，因为印数极少，后世真正见过此书者不多，国内外图书馆也鲜有收藏。所用底本恰是谢云声送洪崧的赠书，书后有洪崧一段题辞："此诗予得自云声社兄，披阅觉其间风流蕴藉，潇洒跌宕，洵不愧为诗人用，特转赠郭景崧仁兄。聪明如郭君者，必能现其旨而得乎其神也。予日尽矣。寿年弟嵩留言。"

《海外集》，新加坡彩虹彩印有限公司1967年印本。所用底本为谢云声哲嗣谢宗群先生赠送厦门大学图书馆，由洪卜仁先生提供，也极难得。《海外集》所收为谢云声1937年离开厦门后诗作，诗集为谢云声生前编定，去世后刊印，所以诗集后附有"哀思录"。诗集前有黎国昌、倪启绅、沈逸史、李禧序言各一篇，谢云声自序一篇。诗集前另有当时海外耆旧诗者如刘太希等多人题词。《海外集》为谢云声成熟时期诗作，内容相当丰富，其中写郁达夫、许地山、徐悲鸿等诗，为学界少见，是中国现代文学史研究的宝贵史料。另《海外集》所涉厦门当地名人及风物掌故也很丰富，可谓研究现代厦门地方文史的重要史料。

# 谢云声《灵箫阁谜话初集》

"诗话"是中国文艺批评的重要形式，其特点是直抒见解，不拘形式，自由灵活，有历史、有摘录、有评点、有回忆、有人物、有掌故，有个人生活叙述等。诗话文体成熟后，对其他艺术形式的评论和研究，也多借鉴这一文体的表现形式，如词话、曲话、印话、联话等，谢云声研究谜语，也是诗人，所以直接借用诗话形式，写作"谜话"。

1930年7月，《灵箫阁谜话初集》由厦门新民书社出版，印了一千册，在当时条件下，这个印数不能说少，但在交通落后的时代，一册厦门出版的书要造成全国影响并不容易。谢云声的学术运气不好，他很早留心中国谜史，也费心搜集、编制、保存了相当丰富的史料，在研究和创制方面有极多的实践。按说中国谜史研究的头一把交椅，应当由谢云声来坐，但非常遗憾，1928年钱南扬《谜史》问世，开中国谜史研究的先河，后凡提中国谜史研究，必推钱南扬为第一人。《灵箫阁谜话初集》比钱书晚了两年。谢云声和钱南扬都是顾颉刚和钟敬文周围的人。谢云声1928年前后，也在国立中山大学语言历史学研究所的民俗学会出书两本，一本是《台湾情歌集》，一本是《闽歌甲集》，虽也是开创性的学术工作，但因地域性太强，无法和《谜史》的影响相提并论。直到今天，一般人都知有《谜史》，而知有《灵箫阁谜话初集》者则鲜矣！

陈佩真在《灵箫阁谜话初集》书后的《谜话的话》中回忆说：

> 我和谢君云声少时对于谜的研究的起因，也就是这书所从而产生的原故。
>
> 我和谢君相识，是在十五岁的那一年。他大我一岁，正在思明中学校里念书，而我已经辍学了。那时候我天天到他家的住家巷口的一间小画店看画，他放学回来，也一定到画店里去，因为他的字从小就写得很好，那画店常常要他去写字。同时，还有个画店主人的朋友王君朝栋，也在那里相识。三个人相识了以后，没有一天不见面，也没有一天不谈起谜来。因为那几年中，厦门的谜风盛极一时，爱好者且结有谜社，我和王谢二君，也就受着他们的影响。到后来，更张起胆子，共同在国语学校悬了一天灯。这番的尝试，可算是有趣极了！那猜谜的人们，都是老师硕儒，不以我们小子为不可教，竟惠然肯来。这一回，谢君所做

的谜最多，谜条的字也都是他写的。至此以后，我和谢君二人越发有趣，每岁至少悬灯一两天。

我记得民十五的时候，顾颉刚先生到厦门大学国学研究院，我曾给他一封信，说我将编写《谜的研究》一书，到现在，书没有写成一页，而钱南扬先生的《谜史》，又先我出世，颉刚先生且替他做一篇序。

我以为古今谜书，最富有研究性的，要推张味鲈先生的《橐园春灯话》、钱南扬先生的《谜史》和谢君这集的《灵箫阁谜话》了。然而《谜话》是可以不负整个研究的责任，《谜史》也只注重于史的方面。于是，我觉得《谜的研究》一书，有再写的需要，而这三部书，却可供给我许多材料。

陈佩真回忆中不无遗憾，言外之意，似也包括这样的意思：如果早点动手，则《灵箫阁谜话初集》是谜史研究中的第一本著作了。《灵箫阁谜话初集》中也记载了谢云声初见钱南扬《谜史》时的心情。谢云声说："浙江钱南扬先生，编有《谜史》，由广州国立中山大学民俗学会出版，余久闻其名，未聆其教。十八年秋，始从友人沈春晖（士晦）先生之介，得悉其与沈先生同事江苏松江县立中学掌教，欣喜莫名，并闻对于民俗学一门，尤喜搜求研究，与余志趣可称同调。余读其《谜史》后，本欲有所请益，只以事冗未果，谈谜至此，因略记其所未及者。"（见该书第107页，厦门新民书社，1930年）

1930年，谢云声在《民俗》第110期发表《谜史补——献给钱南扬先生》，他在文章开始再次表达了对钱南扬的敬意。谢云声写道："《谜史》与《谜语在民俗学上之价值》两书，原拟早日写成，奈以事冗，迄于今日，尚未着笔；而浙江钱南扬先生之《谜史》，竟先我出世，展读之余，喜恶交并。然予闻钱先生名久，惜未聆其教。十八年秋，始从友人沈从晖（士晦）之介，得悉其与沈先生为同事，因是请益有自，私衷始慰。爰不揣固陋，于读《谜史》之后，略抒鄙见一二，以补钱先生之未及言者。他日有机，行当再写《谜史讨论》一文，以求证于钱先生，想亦钱先生之所乐闻也。"（刘二安、徐成校主编《谜史丛谈》第324页，中华书局，2018年）

钱南扬《谜史》共十章，约三万字左右，但有严格分章体例，较"谜话"形式更具学术性质。《灵箫阁谜话初集》篇幅虽较《谜史》为多，但因后出两年且是"谜话"体，又在厦门出版，所以影响有限，即令如此，因该书史料丰富，它在中国谜史研究中也无疑是极为重要的著作。《谜史丛谈》中杨永然辑录《谜书目集录》，源于《灵箫阁谜话初集》者甚多，于此可见此书在中国谜史研究中的地位。

《灵箫阁谜话初集》网上流传有电子版，但错讹处不少，而原书样式及细节，电子版看不出来，所以有必要原样重印，一为保存厦门史料，一为表达对谢云声学术工作的敬意。《灵箫阁谜话初集》前有苏警予短序一篇，其后是李禧、兰斋手迹题诗，再是吴承烜、孙渔隐序和作者谢云声自序一篇及随后的颜天醒序。据《灵箫阁谜话初集》书后所附"谢云声其他编著各书"广告所知，作者当时尚有《灵箫阁谜话二集》在编纂中，可惜后来未见出版。

# 苏警予《菲岛杂诗》

苏警予（1894—1965），又名苏甦，又字耕余，南安人，世居厦门。曾任同文书院、励志女中文史教员。擅长诗歌和书法。1930年任新民书社编辑。1931年与谢云声、陈佩真合编《厦门指南》。1937年后避居菲律宾，在菲出版《菲岛杂诗》《鹭江名胜杂咏》《旷劫集》《怀旧集》等著作多种。

苏警予与谢云声情谊甚笃，声气相投。二人诗集中多有相互怀想酬赠之作，厦门诗坛向来谢苏并论。陈衍《石遗室诗话续编》中对苏警予的评价是："警予有《随天付与庐诗录》，有《陋巷吟》。《登郑延平故垒》云：'重寻故垒马鞍山，山色苍凉俯仰间。拂拂天风吹海岛，如闻万马战江关。'是闽南人应有之诗。句如《秋日遣兴》云：'愁多因爱酒，肩瘦为吟诗。'诗人因苦吟而肩如山字，未有以写照自己者，质语可喜。"（张寅彭主编《民国诗话丛编》第1卷第607页，2002年，上海书店出版社）。

《菲岛杂诗》，菲律宾1940年铅印本，前有作者肖像一幅和刘铁庵篆刻两方，其中一方是刘铁庵为苏警予诗集出版所写绝句："每从肺腑论金石，共引壶觞话乱离。天遣投荒知有意，三年光景百篇诗。"另有杨昌国、陈治平、汪煌辉、陈桂琛、于以同、龚显禧、柯伯行题赠及序言，后有苏警予"自跋"一篇。

集中所收为苏警予来菲律宾后所作300余首诗中所选择的130首，附录是"南游赠诗"和"除夕和诗"两部分，均为友朋唱和之作。《菲岛杂诗》除抒发作者去国怀乡之感外，也多有对当时华人在外处境遭遇的感慨。了解当年华侨真实生活，此集当是重要参考文献。

# 张茂椿《固哉叟诗集》

张茂椿《固斋叟诗集》，厦门地方文献中偶有提及，但作者详情及诗集保存情况较为罕见。现将诗集中作者自传抄出如下：

> 仆闽南金门县东人也。名茂椿，字冰如，别号清波。清诰封昭武都尉张公澄源之次子也。咸丰九年己未十一月初四日吉时即仆堕地时也。幼知学，成童颇通经，及冠喜制艺。虽官师月课，迭蒙首列，同安县考，屡拔前茅，即提学院试，并登草案，而艰于一衿。直至壮岁，始由府试冠曹，旋入邑庠。素敬仰郑广文之高风，爰就教职。在强盛年华，历任长泰县学教谕、海澄县学训导兼教谕并漳州府学教授，间亦应龙溪秦大令德埏、诏安县陈大令广家及漳州府刘太守淮育等聘，先后襄校府县试卷。盖至是，身已历困秋闱。嗣奉闽藩司礼委署罗源县学教谕，而行年已五十矣。寻由交涉使司给护照游历英荷群岛，参考学务。游踪未遍，适逢民国光复，因应吾乡各社会函召，

归充农会副长兼商会座办并禁烟所所长。然皆任期甚短，以衰病相间，猛作激流之想故也。退而家居修养，日惟览史阅报，高吟小酌，悠悠忽忽几经年，岁月蹉跎，衾影亦觉抱惭。民十，部令修金门县志，仆亦忝与协纂。私心窃喜，以为得赞一辞，微名并垂志乘于不朽，沾沾引为荣幸。一转瞬间，距修志又六年矣。除夕家人团聚，围炉相与叙年，发妻卢氏则曰，我年已届六十有七，副室纪氏则曰，我年已届五十有三。回忆当年初任长泰学，卢氏随任，正在中年；继任海澄学，纪氏随任，尚称少妇。畴昔携眷宦游，依依如昨日事，今则年纪皆老大，去日苦多，犹幸向平之愿已了，抑且子孙绳绳，方兴未艾也。游子有方，能谋菽水，诒孙燕翼，不数籯金。吾衰已，假我数年，阶前兰桂腾芳，得于吾身亲见，是亦人生一大快事。未识苍苍者其许我乎？仆现年六十有九，景入桑榆，怃然有无穷思想，爰就生平历略辑成小传，纪实也。

民国十六年二月二日即夏历丁卯元日得闲老居士张茂椿自记于闽南金门县东之别墅

《固斋叟诗集》小传后另有一段文字涉及作者情况较详，其中记述："溯自岁次丁卯，予年六十有九，因重咏杜诗'人生七十古来稀'之句，怃然者久之。是年元日，所由将生平历略辑成小传，盖为垂后计也。不图天遗一老，假我以年，于兹五度。自维才浅学荒,生平对于著作家,真成门外汉。晚年始有《固哉叟诗存》、协纂《金门县志》摘录并《清河氏笔记》诸稿件,分为三部,非敢言著作也,直视同记事云尔。朋辈闻之,辄造庐索阅,是宜保存,俾后之证考者作洁光片羽观焉。窃不自揣,信其说非无因,用缀数语,附于小传之后。时在民国二十年五月即夏历辛未季春。"

《固斋叟诗集》线装一册,铅印本,封面由虞愚题签。1940 年前后,由其子张炳蔚编成,厦门风行印刷社承印,系私印的个人诗集,流传不广,一般图书馆未见著录。

诗集分为《固斋叟诗集》初集和《固斋叟续吟草》两部分。诗属旧文人的个人吟咏感怀和一般酬赠之作,但诗中叙述个人平生经历较多,事涉晚清闽南地方人物及事务丰富,尤其是抗战期间,作者个人感受强烈,时有真挚情怀流露,作者是金门人,强烈的家国感受,今天读来也很令人感动。诗中保存了很多国民政府积极抗战的史料。如其中一首《重庆援军出动》:"十万川军入汉阳,坚持抵抗在期长。平津断绝交通线,陇海展开大战场。最是同仇能敌忾,拚教积弱转为强。骄兵一败终涂地,伫看请成还我疆。"诗集中对厦门抗战也多有吟诵,虽是文学,但仍不失为一种有用的地方文献。

# 翁吉人《寄傲山房诗钞》

翁吉人，祖籍安溪，生卒年不详。据《寄傲山房诗钞》前苏逸云序言，知其"戊子"（1948）已66岁，推断其生年当在1882年。青壮年在厦经商，爱好诗文，曾任厦门商会监事长。

《寄傲山房诗钞》，1949年铅印本，线装一册。收翁吉人诗140余首，为翁吉人亲笔题赠厦门大学图书馆之本。诗集题签洪晓春，随后有苏逸云、李禧短序及作者自序各一篇。台湾王伟勇主编《民国诗集丛刊》第一编（台湾台中文听阁图书公司，2009年）收了翁吉人《寄傲山房诗钞》。若论当年厦门诗人，翁吉人诗坛地位当在谢云声、苏警予、苏眇公等人之下，丛刊收入《寄傲山房诗钞》，或许与此诗集相对易得有关。

由集中自序所知，作者早年受过旧式教育，曾应童子试，后因家道中落，遂经商，但本人爱好诗文，曾参加过厦门的诗社并与李禧等厦门知名诗人有交往。

《寄傲山房诗钞》作者本为商人，但热爱传统文化，有旧诗修养。诗集中涉及厦门地方风物很多，体现作者浓厚的乡土感情，是文学作品，更是珍贵地方文献。

关于《吴瑞甫家书》

新见《吴瑞甫家书》（外《卫生学讲义》）两种，现将作者、家书来源及相关情况稍作说明。

## 一、生平

吴瑞甫（1872—1952），名锡璜，字瑞甫，号黼堂，别署孚塘。厦门同安区同禾乡石浔村人，世居同安县城后炉街，世代医家。吴瑞甫著述甚多，中医兼通西理，在中医实践及中医教育方面贡献卓著，培养了大批中医人才，在民国医界享有盛名。

吴瑞甫自幼聪颖好学，早年举孝廉，十四岁奉父命学医，博览历代医书，精研思考。三十二岁中举，因淡泊功名，遂在同安悬壶济世，曾评注、校订宋代医书《圣济总录》《三因方》。吴瑞甫也是辛亥元老，早年参加过同盟会。民国十二年（1923）主编《同安县志》。

吴瑞甫长期在厦门行医，民国十八年（1929）创办厦门医学讲习所；民国二十年（1931），任厦门中央国医支馆馆长，同时发起创办厦门国医专门学校，自任校长，大力培养中医人才。吴瑞甫自编讲义《伤寒纲要讲义》《诊断学讲义》《卫生学讲义》《四时感症》《中医生理学》《中医病理学》《传染杂病学》等，此外还主编《厦门医药月刊》《国医旬刊》等医学杂志。

抗战爆发后，日军占领厦门，吴瑞甫避居鼓浪屿。1939年，为拒绝出任伪厦门市长，于5月间取道香港，避难新加坡，在新加坡同安会馆行医，行医之余，吴瑞甫创办中医学会并被推举为主席，同时兼任厦门公会义务医师。并以古稀之年主编《医粹》《医统》《医经先声》等杂志，积极筹建新加坡国医专门学校和医学图书馆，成为新加坡中医界公认的"国医名家"。1952年1月13日在新加坡逝世。

## 二、著述

吴瑞甫是清代末科举人，诗书皆有很高修养。他生平未印诗文集，但有诗文散见于其他文人集中，如《己丑生得子唱和集》中即有其作品。吴瑞甫著述主要是医书，早年由上海文瑞楼书庄刊行，现择要简介以保存史料。

吴瑞甫校正过宋代重要医学著作《圣济总录》，由此可见其整体中医修养。当年刊印此书的一则广告对此有详细说明。广告虽难免溢美，但以一人之力校正此书，实在难得，广告如下：

《圣济总录》一书，为宋正和奉敕撰刊，颁行天下，奉为金科玉律久矣，著为令典。书凡三百卷，文二百余万言，论简而精，方博而要。凡食治、针灸、汤醴、渍浴、按摩、熨引、导引、砭石，无不兼综条贯。伤寒、吐血、肺劳、儿科、妇科、外科，尤为特色，洵我国数千年来独一无二之巨著，十三科医学最完全明备之书。惜靖康之变，版毁无存，《四库全书》收载纂要，指以未睹原书为憾，则其书宝贵可知。本庄以是书为我国、为国粹学，特不惜重赀，始得元大德四年集贤学士焦养直所刻本函付石印，以飨医界。吾国医学虽非由科学而来，而经验之宏，药品之多，为五洲冠。是书包罗富有，于治病各科，有条不紊，医学家得此书而习之，不难穷源竟委，为原原本本之学。本庄又请闽中儒医吴黼堂先生详加校勘。凡有志研究之医学家及热心爱国之卫生家，无论何项疑难杂症，既可引症用药，又可却病保身，诚不可不备之要书也。兹将总目披露于后。其余子目繁富，难以备载。用上等中国连史纸精缮石印，业已出版，分订六十册，精装六函，为普及计，发售特价，定价二十八元，特价洋十六元六角，外埠函购加邮费六角，存书不多，欲购请速。

由广告对吴瑞甫的推重，可见其在民国中医界的地位。

陈无择《三因方》也是宋代著名医书，吴瑞甫在1927年间，详细校订此书。文瑞楼出版广告说：

> 宋淳熙陈言著《三因极一病例证方论》，分为十八卷，其说分为三因：一内因，一外因，一不内外因也。《四库全书》称为条理分明，方论简要，为世推重。久乏刊行，医学家往往以善价觅求而不易睹。闽中吴黼堂先生又以中东西学说，随各门逐条评注，气化形质，阐发入微，为医门别开生面。又于古人不治症，补经验方法，洵医林精本也。庄觅得家藏抄本，用上等中国连史纸，精缮石印，有志中西医学者，幸望先睹为快焉。装订八册，订价二元。

吴瑞甫校订的两部宋代医书，在当时非常难得，经由这次校订后，才有更多读者获睹此书，实为中医界功德无量之事。此书收入台湾"中国医药丛书"，有1991年台联国风出版社据文瑞楼影印本。

1921年，吴瑞甫的另一部医学专书《中西温热串解》刊行，当时的介绍如下：

> 书为福建闽同安吴黼堂孝廉撰述。书凡八卷。先生系

现代闽中儒医。生平评注医籍，著作等身。精研东西洋医学医理，博稽考定，不遗余力，是不特于东西学说，多所折衷，即我国学说，经先生从实验中推勘者，靡不簌簌生新。确有实效，视汉唐以下旧注医籍，从模糊影响中揣测者相去奚啻霄壤，真我国治温热独一无二之精本。医学家能读此书，临症以治温病，自有得心应手之妙。（全书六册布套，价洋二元四角）

此书收入王致谱主编"民国名医著作精华"有刘德荣、金丽点校排印本，2006年福建科学技术出版社出版。

1922年刊行的《中风论》，在吴瑞甫个人医学著述中非常重要，文瑞楼书庄这样推荐：

> 闽同安孝廉吴锡璜撰，是书为熊叔陵原本，福建长乐名医陈修园鉴定。立论语语精粹，以治中风大症靡不药到回春，吴黼堂先生经屡试神验，又积其平生所阅历、治效，大加删补，撷中西学说而会其通，举凡脏腑功用，脑病源流，与夫经气、宗气、卫气、营气，均能探源立论，且与中风看护法、辨证法、施治法、善后法、外治法，无不体会入微，洞中窍要，洵中国独一无二治中风之善本也。凡讲贯中西医者，能家置一编，以之临症处方，自有大验。用中国连史纸精印装订二册，定价大洋八角。

《中西脉学讲义》，一函两册，1922年印行。文瑞楼广告说明：

> 书为闽同安吴黼堂孝廉撰述。孝廉先代皆以医名，先生又以名儒兼精医理。窃惟脉学者，诊病之源，至关紧要。先生以诸脉书多非善本，及取前代脉学各方籍，择其精切有据足征实用者，参之西说以会其通。举凡常法、变法、新久病法及察脉各玄机，大率皆旧诀所未见及之。本书于微妙中益参微妙，精致中更求精致，其视旧诀细切与否，实验与否，读者自能言之。及书成，因名之曰《中西脉学讲义》，不谓脉诀而谓脉学，因近世各省医学校以次成立，将与新医校讲新脉学也。此书一出，脉学必有定论，不致如前之家自为说也。其有裨益我国医学之前途，岂鲜浅哉！用上等中国连史纸精印装订两册，定价大洋八角。

《奇验喉证明辨》，全称《新订奇验喉证明辨》。1925年文瑞楼印行，后收入"福建历代名医著作珍本丛书"，有陈玉鹏、温建恩、刘德荣校注排印本，线装书局2011年出版。

《诊断学讲义》，福建私立厦门国医专门学校讲义，由其子吴树萱、吴树潭和侄孙吴庆福整理。1936年铅印线装一册，本书有台湾新文丰1977年影印本。

《伤寒纲要讲义》，福建私立厦门国医专门学校讲义，由其子吴树萱、吴树潭和侄孙吴庆福整理，1936年铅印线装一册。此书有台湾新文丰1985年影印本。

《四时感症讲义》，福建私立厦门国医专门学校讲义，由其子吴树萱、吴树潭和侄孙吴庆福整理，1936年铅印线装一册。台湾新文丰1980年排印。另有《四时感症论》，1981年新加坡中医学研究院印行。

《吴瑞甫喉科经验临床应用》，吴树义口述，张泽民整理，福建省卫生厅中医处、厦门卫生局吴瑞甫学术研究领导小组编印，1983年内部印行。

《外科理法》，廖雅彬、柯联才整理。福建省卫生厅中医处、厦门卫生局吴瑞甫学术研究领导小组编印，1983年内部印行。

## 三、家书

《吴瑞甫家书》，2011年夏天得自厦门旧书贾陈建伙先生处，现据藏家原件辑录。因原件当时为散乱文件，且有零散书信已在网上售出，所以本辑《吴瑞甫家书》只是散乱家书初步辑录，无系统且不完整。刊行目的是为保存乡邦文献并供研究者及时使用。因原信散乱，现据信笺形制辑为两部分，一是吴瑞甫用新加坡行医时自制信笺"中医吴瑞甫用笺"，这部分显然是吴瑞甫避难新加坡后的来信；另一部分用"厦门协美造"

信笺，大体可判断为吴瑞甫初到新加坡时所寄家书，原信周边多已裁剪且有部分残破。因旧时书信习惯不署具体年代，所以家书前后时间只大体排列，错置在所难免。"中医吴瑞甫用笺"部分，就时间言，应在"厦门协美造"信笺之后，现排列前面，系据藏者习惯（因此部分保存基本完好），而"厦门协美造"信笺部分，多有残破且有断笺零片情况，故排列在后。全部家书时间，大体为吴瑞甫1939年6月避居新加坡后，给五弟吴珣甫、长子吴树怀、长孙吴启祥及其他亲属之信，共一百四十四通左右，家书截止时间约在1944年左右。

家书一般保存在亲属处，吴瑞甫家书何以散落旧书肆？据廖雅彬《吴瑞甫家书遗方》一文所言："作者从吴瑞甫先生由新加坡寄回的家书中，发现许多有关答复来函问诊及处方用药等手稿，对于研究吴老的医疗经验，不无裨益。"（福建卫生厅中医处、厦门卫生局吴瑞甫学术研究领导小组编印《吴瑞甫学术研究文选》第80页，1983年）据此可以判断，这批家书真实性无疑，散出源头，大概和编辑《吴瑞甫学术研究文选》有关，无论如何，家书未化为纸浆即是幸事。

书信历来是研究历史人物的首选史料，因其私密性及真实性，在保存客观史料方面最为重要。吴瑞甫家书无疑是今后最重要的吴氏传记史料。

《吴瑞甫家书》内容非常丰富。首先其中有不少宝贵的医方，这些医方能够保存下来，全赖这批书信，如能详加整理，对理解吴瑞甫的医学经验和医术均有帮助。其次是地方文史资料。战时新加坡与厦门往来情况，涉及金融、邮政、税收、房产等等，家书中均有真实记载，可谓抗战期间厦门与外界交往的重要补充史料。如吴瑞甫在一封家书中提及当时情况："此间防务，尽量整理，移家回国者颇多。不知将来局面如何？令人难测。甚恐海面封锁，则将来银信必觉困难。余每提前备寄，正为此故。"由吴瑞甫家书中的细节，还可看出这位著名中医对国家的感情和气节。在致吴珣甫信中，吴瑞甫告诫家人："厦壮丁兵操，自十余岁至三十五岁，限制颇严，值此时机，亦国民应尽之天职，甚已抽入义勇队且有作常备军者。民间风气大开，殊好现象，特其母或妻不免涕泣，乃妇人之见，此无足怪也。吾弟对于时事屡抱隐忧，纵以慎重为要。"

书信是重要传记资料，由下面家书可知吴瑞甫初到新加坡的处境，同时也能了解他对时局的全面观察。吴瑞甫在信中说：

> 启祥长孙知悉：近有人来言汝母嘱其到叻后向余言，谓余须速归。一则汝祖妈尚未归土，汝五叔公年老行走不便，一则厦门业产纷如乱丝，须回家整理；一则汝等余当再任教督之责，今均明了，亦属当务之急，自应一一施行。

但比近今世界，无一片干净土，大家值此时局，能得偷安过日，便是大大福气，否则生者且无法照顾，何论死者。现海面船舶危险万状，英国商轮艾波号经中水雷沉没，搭客及办事人等，一概死亡，何从来往。即云厦门业产纠纷，汝得收税，随便的收。纵虽难收，亦看破就是。但若有人照契，汝可言寄在余处。惟明三借契，从前有收回否？余前屡次询及，竟未照复。今者世界纷纷，无论何地方，大家都看破，无从处理，亦无从计较也。教儿孙一节，余年虽老，无时敢忘，特水途辽远，阻碍甚多，老人断无冒险之理，即冒险安抵家乡，衣食亦为发生问题。在外洋街衢亦稍平靖，生意尚在，不堪设想。余亦不贪恋久居，稍有时机，亦即速返，可免介此，顺由中国银行付其港币捌拾壹元洋角正，到即照收。以拾元交汝三姆婆，以拾元交汝五叔公，余归家用。余为汝号一书名为长其（取《诗经》"长发其祥"用号字为启垚），号一书名为舜其（取古人尧舜名义）。此后若有家信，写此名可照收。若刻印可刻长其二字（不用字号），以此乃（字名免用姓）若大名（别于乳名）后日再号。此达　孚塘　叻示　六月二号覆信

　　信内信后均写孚塘　方不致误

《吴瑞甫家书》虽不完整，但大体记录了他初到新加坡期间的真实生存状态及心境，对于还原那一段历史有不可忽视的

重要性。《吴瑞甫家书》信笔写来，自然流畅，灵动飘逸，也是精美的书法作品，有很高的艺术价值。

## 四、《卫生学讲义》

本书是1936年6月吴瑞甫在福建私立厦门国医专门学校讲义，由其子吴树萱、吴树潭和侄孙吴庆福整理，铅印线装一册。书前有林国赓题辞，后有吴锡琮、余少文序言各一。余少文评价此书："以哲理卫生冠于篇首，次则融会古今中外诸卫生学说，折衷至当，欲读是书者养成高尚人格，锻炼健全身体以保国而强种，粹然儒者之言，其功非浅鲜也。"其子吴树萱在书后跋语中认为此书："多融会中东西学说及诸子百家磨练而成，而注重于道德之卫生。此书出，以之作学校课本，于世道人心不无裨益。"此书至今未见任何形式重印本。

吴瑞甫是传统中医，但对现代西医医理也有研究。本书虽然多讲生理卫生，但同时也涉及土地卫生、起居卫生等，实际已具现代环保意识，只不过没有用此名词。同时吴瑞甫也具现代公共卫生理念，他在《公众之卫生》一文中指出："个人卫生，家庭之事也；公众之卫生，社会之事也。无公众之卫生，纵一家庭间清洁消毒，事无不举。到疫疠盛行期间，终必受累，可知卫生断非个人所能为力。近世交通便捷，铁路轮船，往来如织，虽数万里之遥，传染病蔓延甚易，则对于公众卫生，其必加意严防，周密设备，以保人民之安全者，尤刻不容缓。所以公众卫生者，乃以进人民于健康，谋社会之福利，而地方得以繁荣。"吴瑞甫对现代防疫观念及建立相应制度也有周全考虑。通观全书，可看出二十世纪三十年代一个传统医者全面的现代知识。

# 李维修《寸寸集》《厦门通俗教育社年鉴》

《寸寸集》和《厦门通俗教育社年鉴》两种，虽体裁迥异，但均与李维修其人相关，两书史料多可互证，集中阅读，便于全面了解作者所处时代及相关人物交往线索。现将作者及两书情况略作说明：

李维修（1887—1940），原名嘉瑞，号梅林，别号寝石山馆主人，祖籍福建海澄县，厦门出生。1901年毕业于鼓浪屿澄碧书院，1903年到新加坡留学，1906年加入黄兴为首的同盟会，后改名维修。1911年，参加广州黄花岗起义，后回厦门。1921年创办厦门通俗教育社，提倡新文化，开展话剧活动。曾任国民党福建临时省党部执行委员。1938年厦门沦陷后，遭日军悬赏追捕，先避香港，后到新加坡参加南洋抗敌救亡筹赈总会工作，1940年病逝于鼓浪屿救世医院，终年五十三岁。著有《寸寸集》《悲秋剧话集》《寝石山馆印存》等书。

李维修多才多艺，诗书画印及戏剧均有涉猎。黄鸿翔在《寸寸集》序中称李维修"性耽艺术，筹算之暇，兼研戏曲金石书画诗歌，盖其雅人深致，为晚近商界中所罕见"。李维修虽年寿不永，但依然留存几种著述。本辑所收《寸寸集》是其一生最重要的创作成果。

《寸寸集》1935年由厦门永明印刷社印行，系作者自印本，流传极稀，为作者五言和七绝合集。多为感时咏怀之作，格调沉郁庄重，虽造语无奇，但情感真挚自然。诗集前有作者小像及山水画一幅，后为厦门胜流序言及题跋，虽难免应酬语录，但可见作者在当时厦门文坛的交往和影响，序言题跋对研究闽南诗坛文人交游多有帮助。依例为序者有黄鸿翔、余少文、李伯端、刘锡畴、苏警予、蓝田、洪浩。后接李维修自序一篇，自序中提及绣铁庵主人贺仲禹对自己诗的评价，认为"尚饶情致"，并解释集名《寸寸集》来历，"爰名之曰《寸寸集》，盖示其小巫小技，力非排奡而格近寒酸者也"。为《寸寸集》题词者有李禧、陈桂琛、贺仲禹、晚香居士、李秉纲、谢云声、陈联芬，均为厦门名士。《寸寸集》封面由黄鸿翔题签。

2010年，李维修后人自印《李维修文集》（上集）（香港国际学术文化资讯出版公司），此书保存大量关于李维修的史料，但编辑体例失当，使用不便。据此书披露史料，《寸寸集》后，李维修还有余诗，集为《寸寸集》卷九，可惜目前只见少量抄稿。

1935年，李维修又在厦门永明印刷社自印《悲秋剧话集》，此书流传更少。据李维修后人提示线索，可知此书内容是李维修将自己从事戏剧活动的经历编辑成册，以为将来保存厦门戏剧史料。作者在序言中说："仅将二十余年及区区厦方之戏次经过拙知者刊之，并附拟未是稿剧本一二部……后之人谈吾厦剧情况，著吾厦剧史者，谅有资于斯书，而示同情也，则达甚。"（《李维修文集》第161页）该书前印有作者小像、篆刻作品及作者剧照多幅，为厦门戏剧的珍贵影像史料，极为难得。书中还包括作者创作的两部剧作脚本，名为《孰非人子》《杯弓蛇影》。作者回顾自己在厦从事戏剧活动经历的文章《戏剧和余之趣缘》也在书中。

李维修另编有《印旨》《寝石山馆藏印》并集自己篆刻作品为《寝石山馆印存》，多为稿本，未刊行流传，今存厦门大学图书馆和厦门图书馆等处。

1937年刊行的《厦门通俗教育社年鉴》，可视为厦门通俗教育社社史。此书最大优点是保存了非常丰富的基层社会史料，对了解二十世纪二三十年代厦门社会极有帮助。黄炎培题签，黄孟奎、陈桂琛代为撰写发刊词。厦门各界题词悉数收入书中，无意中保存了丰富的社会史料。另外书中收入通俗教育社所有活动的一切往来公文，包括通俗教育社的办公场所、职员履历及所有活动，均有文字、照片同时保存，在早期厦门社会史料中，如此系统完整保存一个社团活动的史料尚不多见，是今后研究厦门社会史的必要参考资料。

《厦门通俗教育社年鉴》的史料价值还有两点值得重视：一是中国早期话剧史料及与台湾话剧活动的关系。因为李维修本人对戏剧的强烈兴趣，厦门当时的话剧活动非常繁荣，从编剧、演出到普及活动，均有大量详细记载保存在该书中，如陈佩真《新剧股之经过及将来》、赵真如《新剧股今后之进行》两文，可视为中国早期话剧活动的珍贵文献。二是保存了陈伯达早期生平史料。陈伯达是中共党史上的重要历史人物，有关他生平活动的史料极难见到。陈伯达早年参加厦门通俗教育社，任编辑股负责人，时名为陈尚友。《厦门通俗教育社年鉴》中收有他青年时代的照片及总结厦门通俗教育社工作的文章《我社的过去与将来》，均为以往研究陈伯达的书中所未见。

# 付祥喜《问题与方法——中国现代文学史料研究论稿》序

祥喜是我老朋友，平时虽然来往不密，但遇事总会想起。时间过得很快，现在想起来已是近二十年前的事了。

二十世纪九十年代中期，当时我还在山西作家协会，因为关注储安平和《观察》周刊，偶然也写点这方面的小文章，那时电脑搜索尚不普及，多数文献的数据化工作也没有完成，读书研究基本还是原始工作。祥喜那时还在广州读书，他注意到了我的研究工作并和我取得联系。说实话当时我能帮助祥喜的也极为有限，至多是秀才人情，寄本书一类的事。现在想来，祥喜最终能走上学术一路并取得可观成绩，也是因缘的结果。试想一个远隔千里的陌生人，知道远处有个人在研究我们共同感兴趣的问题，还有心建立彼此间的联系，仅此即可判断祥喜对学术的一片痴情。

做学术研究，我是野狐禅。后来因得朋友关照，阴差阳错能到大学乞食，算是命好。祥喜一开始走的即是正途，所以才能在今天这样的学术台阶上一步一步成长。

2009年夏天，我见到了祥喜，果然是青年才俊，文笔口才俱佳。祥喜早年做过《新月》杂志事件人物考索一类的研究，对中国自由主义知识分子的史料非常熟悉，他在储安平研究方面曾提供了许多新的史料线索。他也能坐得住冷板凳，在寻索史料方面很下功夫。

祥喜并不在学术中心，供职的学校也不重要，但祥喜的研究工作却始终没有中断，说他现在成果累累，一点不是夸张。我们专业里所有最高级的学术杂志上他都发表过专业的长篇论文，我是自愧弗如，发文章虽属俗务，但也是个事实。在当今中国现代文学研究界，青年一辈学者中，祥喜已是当然的中坚力量，我已是行将退役的老兵，看到祥喜这一代学者的成长，内心非常喜悦。

中国现代文学目前有四大前沿学术方向，一是现代文学与古典文学关系的重新发现；二是域外史料的大量始用；三是旧诗在中国现代文学史上的价值；四是地方文献获得重要史料地位。

现代文学与古典文学的关系虽不是完全的新题，但近来人们关注点由原来的学术思想转向文字语言及文体关系，对中国现代作家的评价也有从思想转向文体的倾向，所以文体特殊和语言别异的作家最受重视。

域外史料的大量使用有两个前提，一为青年一代学者外语水平普遍提高，至少一门外语基本不成问题；再为互联网时代到来。前者解决的是能不能的问题，后者解决的是有无问题。老辈学者语言不是障碍，障碍是有语言而得不到域外史料。中年一代则是语言和域外史料共同成为学术进步的困境。这两项到祥喜他们这一代学者成长起来则都不成问题了，所以他们应当在学术上比前两辈更进步。又因为中国现代文学史中的主要作家普遍有域外生活经历，包括留学、游学、访问及长期居住等活动，所以使用域外史料应当是现代文学研究的常态。

中国现代文学史向无旧诗地位，但晚清多数旧诗人是跨进现代文学时域里的人，如陈三立、郑孝胥他们，如何解决这个问题，近年学界多有争论，但将旧诗排除在现代文学史外，肯定需要重新思考。另外1949年后，中国传统的旧诗人并没有在一夜之间突然消失。二十世纪八十年代前，中国旧诗人私人刻印的旧诗集存世相当丰富，如何处理这笔遗产，也是现代文学必须面对的。

地方文献的大量使用也是近年现代文学研究水平提升的一个主要史料基础。史料发生的重要规则一般来说与发生地是正比关系，即愈靠近史料发生地史源线索愈丰富，也愈有得到的可能。以往因为现代文学限于中文系训练习惯,对史学方法多有偏废,较少普遍使用地方文献,而今天这个局面已大为改观。

我平时和祥喜很少交流,但这次读他的书,感觉他是自觉意识到现代文学研究可能发生变革的许多方向的,本书就是他的研究成果。陈寅恪给陈垣《敦煌劫余录》序中的一段话,常为我们所引用,但得此真谛还不是很容易。陈寅恪说:"一时代之学术,必有其新材料和新问题。取用此材料,以研求问题,则为此时代学术之新潮流。治学之士,得预于此潮流者,谓之预流,其未得预者,谓之未入流。"

祥喜新书完成,让我写句话,我愿再引陈寅恪的话与祥喜共勉。是为序。

(《问题与方法——中国现代文学史料研究论稿》,中国社会科学出版社,2018年出版)

# 宫立《中国现代作家佚文佚简考释》序

宫立新书出版，要我写几句话，我就从认识宫立说起。

2009年夏天，我在厦门主办"纪念储安平先生一百周年诞辰"学术活动，向全国征稿。宫立当时在汕头大学随富仁先生念硕士，他有文章寄来，我当即邀请他来参加会议。我牢记胡适的话，中年人做学问是本分，青年人做学问要鼓励。他一个穷学生，吃住往返路费我全管。我刚一见他，就说你把车票给我，我马上把钱给了他。宫立当时交来的文章即带有辑佚性质，他搜集了两篇储安平不常见的文章。我感觉一个青年人能下功夫读原始材料，这个热情和兴趣不容易。当时我还奇怪，富仁先生文章以长篇大论为基本风格，他何以会选宫立这样死板的学生？

宫立硕士毕业后，到上海随子善先生念博士，读书期间，时见宫立文章，但我们联系极少。我和子善先生非常熟悉，那几年偶然相遇，也不时会提起宫立。

我们共同感觉，现在大学里爱念书的人不多，子善先生遇宫立这样的学生，实属难得。

宫立后来选择的学术方向，我非常赞同，因为我也是现代文学研究中比较喜欢搜集材料的那一类，对有此同好的青年人天生有亲近感。宫立文章，我每见必读，因为师出名门，他的方法没有问题，工具使用也很丰富，他读书之勤，写作之用力，在他这一辈青年学人中，出类拔萃。我唯一不欣赏的是他的学术趣味，这可能是我的一个偏见，没有什么好坏高下之分。我曾和朋友闲聊，为什么子善先生的趣味在周作人、张爱玲他们身上，而到宫立学术眼光却停在杂七杂八的作家身上？我以为子善先生的学生，趣味至少应当在比较洋派的作家身上，而现在宫立选择的作家多少有些"土"了。学术趣味因人而异，不可强求，洋的看起来高大上，土的也未必就不能产生趣味。宫立或许会说，远有远的趣味，近有近的意思，洋有洋的趣味，土有土的味道，我想这也有道理。因为分手后再没见过宫立，这一点感想，就算是与宫立的面谈吧。

近年中国现代文学研究中，基础史料建设的工作很受人关注，宫立是这一思潮中引人注目的重要研究者，他的成绩有目共睹。宫立的学术方向，大体属于中国现代文学研究中的辑佚范围，他在这个领域做了相当多的工作，解决了许多史料问题。

因为宫立正当年，在学术发展方向上，我想再提一点建议，也权当是我与宫立的面谈。

中国传统辑佚学发生的时代背景是文献保存以写本或刻本为基本手段，容易遗失是这个背景下一切文献的常态。传统辑佚所针对的主要是经典文献的钩沉，也就是说，当得起辑佚二字的主要是经典文献，是重要人物和重要作品。

中国现代文学研究中的辑佚工作，在抽象意义上与传统辑佚学是同一原理，但中国现代文学发生的时代背景是现代印刷和现代传媒兴盛的时代，辑佚工作的意义与传统辑佚学的学术追求，应当说是有差别的，也就是说前重后轻、前难后易是基本状态。中国现代文学作家、作品的数量特别庞大，严格的辑佚范围不可盲目扩大，而应当主要针对经典作家和特别重要的作品。不是所有中国现代作家的作品都当得起辑佚，只有那些习惯上认为的经典作家和作品，才有辑佚的价值和意义。我个人以为辑佚至少要满足两个条件：一是辑佚对象已有比较成熟的全集，无全集，不辑佚；二是习惯认为的重要作家，不重要，不辑佚。

搜集史料的工作永远需要，但不是所有搜集史料都是辑佚，中国现代文学辑佚学，应当有比较严格的限定。

我讲这些个人偏见，没有别的意思，我希望中国现代文学研究中的辑佚学，能够在宫立这一代学者中成熟起来。

是为序。

（《中国现代作家佚文佚简考释》，北京大学出版社，2019年出版）

# 汪春劼《无锡：一座江南水城的百年回望》序

2009年夏天，我在厦门主持过一个纪念储安平先生百年诞辰的学术活动，会议向学界征稿，春劼兄寄来论文同时也参加了会议，由此我们相识。以后虽偶有联系，但近十年间并没有再见面。今年9月间，我到无锡瑾槐书堂和当地朋友交流钱锺书的一段特殊经历。到无锡前，我想此行一定要见我这位老朋友。

春劼兄不善言谈，这也许是因为我们见面太少，但我能体会到他内心对学术的热情和敬意。他的学术趣味及追求，我非常认同。春劼兄是史学科班出身，但对现实有强烈关怀，他的学术追求总是在历史和现实的结合点上表达出来。他写过两本有关中国大学校长的专书，虽然流传不是很广，但专业学者都熟悉他在大学校长研究中寄托的对现实的批判热情。

我到无锡后的两次学术活动，春劼兄都参加了，闲谈中他提及自己将有一本关于无锡地方史研究的专书要出版，希望我能写几句话。我对无锡地方史了解极少，我感觉春劼兄的美意是借此联络我们的学术友谊。我用了一个多月时间读完春劼兄这本专著，感觉他在地方史研究中找到了一个新的角度，即用一种不同于传统地方史研究的方法，将自己对一个地方的独特思考用一种新方式表达出来。

本书是关于无锡城市变革的一本专书，但与传统地方史研究中方志的写法不同。春劼兄独具匠心，用地理和人文融合的手法，巧妙地将自己对无锡百年来变革的思考，特别是对无锡乡贤在历史中的作用和事迹叙述出来，文笔清通又富感情，是文史研究又有散文味道。对百年来中国乡绅文化消失的思考，使得本书在相当程度上有了超越单纯地方史研究的意义，具有更深刻地思考中国文化变革的追求。

（《无锡：一座江南水城的百年回望》，同济大学出版社，2018年出版）

# 詹朝霞《鼓浪屿——故人与往事》序

2007年秋天，我刚到厦门不久，曾得到过一部黄人编纂的《普通百科新大辞典》，因为久不使用，后来即送了朋友。这部1911年印出的辞书，后来影响很大。中国早期的许多现代知识，常常要以这部辞典来印证。我印象极深的是这部辞典中即有"鼓浪屿"这个词条，虽然只有百十来字，但能进入一部有影响的辞书，应该说它的知名度已得到社会认可。一种知识收到辞书里，通常被认为是进入稳定传播的标志。

朝霞新书出版，她要我写几句话，我立刻想到了前些年我对鼓浪屿的这个记忆。朝霞对鼓浪屿的历史人物有长久关注，她用心多年完成这部关于鼓浪屿风土人情的专书，是厦门地方史研究中的重要成绩。朝霞文笔细腻，笔下常带感情，这部关于鼓浪屿历史的书，可看成一部鼓浪屿小史，也可看成一种鼓浪屿方志，更可当一本优美的散文集来读。

关注地方文史，我以为是朝霞近年来努力追求的一个学术方向，我对她的选择极为认同。近年她对鼓浪屿研究的痴迷（包括她翻译的鼓浪屿历史文献），早就为专业学术界认可。一般来说，人在青年时多钟情文学，能有自觉史学意识相当不易，有史学意识则学术成功一半。文学看起来易，实则最难，因为是极具创造性的工作，对禀赋和才华的依赖很高，在此方面能成就一点事业可说极难。世间事，凡入门易，做好都极难，文学即是这样的行当。我在学校教书，每遇对文学有热情的学生，通常不加鼓励，因我当过二十几年文学编辑，见过青年时显示才华而最终一事无成的人太多，所以我总是鼓励有文学修养的人，如果可能不如早做学术工作，特别是地方史料的搜集和研究。不是说史学不需才气，而是史学工作对才气的要求和评价不同。如果一个资质平常的人，选定好史学方向，终身努力，总会有些成绩，而文学如不能达到很高水平，则意义极为有限。

朝霞这部书，无论有多少缺点和不足，我相信是一部有史料有才情的地方文史书，时间会让它越来越珍贵。只要鼓浪屿在，与她有关的历史就不会消失，保存这种记忆的书就会长存。

（《鼓浪屿——故人与往事》，厦门大学出版社，2016年出版）

## 《联大八年》序

这是最新版的《联大八年》，一本小书可以连续印刷，说明它已走在经典的路上。我不算最早关注西南联大的学者，我算最早将西南联大由严格史学领域引到公共领域的研究者，不是所有专题历史研究都能引起公众的兴趣，凡引起公众兴趣的历史现象都与当下的现实相关，西南联大就是这样的历史现象。

国外的西南联大研究比较早，专著基本都是三十年前出版的，我知道有易社强的《战争与革命中的西南联大》，还有一位日本人专门研究西南联合大学，我没有记住书名。二十世纪八十年代，台湾政治大学的杨正恺先生，他的硕士论文就是专门研究西南联大的。我1998年出版《西南联大与中国现代知识分子》，从专题性来说，是较为集中涉足这一研究领域的，我的角度是西南联大知识分子的历史命运及对当代的启示，当时其他研究者可能还是在中国现代史或高等教育史领域观察西南联大。这方面最新的研究成果是闻黎明先生的《抗日战争与中国知识分子》，从西南联大和中国知识分子角度，研究他们在抗战中的作用和复杂关系。另外，杨奎松、王奇生等学者也有专题研究，比如西南联大教授与国民党的关系以及当时的学生运动等，都很有深度。

《联大八年》是一本关于西南联大的早期文献，如果用后出的文献比较，可能有不完善的地方。但我们判断研究对象的史料基础，首先要有时间概念。不宜用后出文献的完整性、系统性，来否定早期的史料。具体到西南联大的史料，从学术角度，可分为几方面，第一是关于学校、学生生活的完整、原始的档案，这是最重要的一种。但是在经验和事实里，任何研究者想要完整地使用这些材料，并不是一件很方便的事。西南联大的档案，分散保存在清华、北大、南开和昆明师范大学四处，研究者使用的难度很大。因为不能完整、系统地使用原始档案，所以研究者必须做基础的文献准备工作。经过多年的努力，这个工作实际上已经初具规模。早年清华大学编校史的时候，就选用了很多西南联大的档案，二十世纪九十年代结集为《清华大学史料选编》。西南联大校友会建立以后，他们又出了《西南联大校友会简讯》，不断回忆、汇集一些史料，还有清华、北大、南开校友通讯里也有相关材料。现在比较完整和系统的材料，是云南教育出版社一套六卷本的《国立西南联合大学史料》，这是清华、北大、南开和云南师大校史委员会的专家和学者联合查阅保存在四个地方的档案，整理汇编而成的。最新关于西南联大的大型文献是今年云南人民出版社龙美光主编的《民国书刊上的联大记忆》和张昌山主编的《〈今日评论〉文存》《〈民主周刊〉文存》。

如果用完整和系统的概念来判断，《联大八年》肯定赶不上后出的文献，但后出文献的缺点是受到后人眼光、判断的影响，可能还考虑到一些人事、校际关系的因素，多少造成对原始材料的取舍，使完全恢复早年的真实生活状态成为不可能。在这个意义上，我觉得把《联大八年》和后来的文献做简单比较是不恰当的，它们是两种不同的文献，各有各的价值。比如《联大八年》一书中，汇集了当时学生对联大一百零二位教授的素描，那是学生在同时代对老师的简单印象，带有文学性的描述，感性的因素比较多，但很传神，也接近历史的真实，这些东西在后来编撰过的文献、档案和会议纪要中就很难见到。

《联大八年》，大体上相当于一个简略的西南联大校史，尽管比较零乱，也不系统，但思路还是清晰的。它一共是三部分："历史回顾""联大生活"和"联大教授"。今天重印这本书，首先要肯定它的价值和意义。第一，它在普及或者让更多人了解西南联大的真实情况方面是一本原始文献；第二，它保留了很多珍贵史料，涉及的一百零二位教授的印象是比较完整的。过去我们所知较多的是文史哲教授，自然科学的史料相对文科不大容易保留下来，但这本书均有涉及。人们如果想要了解这些教授的上课细节、生活习惯，本书都提供了丰富的资料。第三，从出版角度而言，尽管对专业研究西南联大的学者而言，这并不是一本稀见的书，但因为当时用繁体字，印刷质量也比较粗糙，七十多年过去了，这本书确实有重印的必要。从专业角度判断，《联大八年》是早期记录西南联大相对完整的一个材料，书里有社团生活、教授生活，也收录了冯友兰写的联大简史。当然，由于编者和条件限制，这本书稍显凌乱，因为本书不是出于专门学术目的编撰，所以体例并不十分严谨，而是偏重于文学化、生活化。还有一个比较明显的特点是本书基本是当时左倾学生眼中的西南联大，有一定程度的倾向性，但即使如此，本书的价值还是值得肯定。

过去一般把西南联大放在高等教育史的范围里研究，例如教学模式、课程设置、校园文化等等；而另一种视角则是把联大放在现代史的格局里面去考察，例如考察联大和国民政府、民主党派的关系，或者是中国现代知识分子和国家命运的关系。今天关注西南联大的人，更多是注意到了她精神方面的因素，特别是与当下中国大学的比较。历史能够引起同时代人的兴趣，都是因为对当下有所启示。西南联大之所以能成为时代热点，其历史情怀在当下。所有历史研究者，都会把历史与当下所缺失的那一面对接起来，通常难免会有情感上的渲染，这些都是基于研究者对当下大学制度的感受。研究历史除了追求真相之外，还注意它对当下生活的启发意义，这在一般历史研究中也是普遍现象。有人认为，当下关于西南联大的学术研究，有神话西南联大的倾向，我个人认为还不至于此。西南联大在当时确实集结了一批中国最好的教授、最好的学生，它的人才结构非常合理，培养出了杨振宁、李政道这样的英才。中国有很多学科的成熟都和联大有不解之缘。西南联大学生后来成为中国很多学科的重要力量，在学界有非常稳固的学术地位，所以西南联大对中国当代科学与学术的影响，一时还很难消失，恐怕只有等这一代人辞世多年之后，这个学术周期才会发生变化。任何历史在当代被重新发现，都难免有一种"神话"的意味，但人们对西南联大的兴趣和热情中包含的理想追求，应当得到理解。当年西南联大里也有钩心斗角一类的事，这很正常，但实事求是地说，对这个大学的评价这么高，并不是始于今天。1946年暑假结束之后，当时国内对联大的评价就很高，《观察》曾刊登《自由精神，民主堡垒》一文，盛赞西南联大是东西方文化结合的一个理想类型。

重印《联大八年》，让过去的历史重新回到现实记忆中来，它的文献价值和现实意义借现代出版业得到了体现，是一举两得的好事。

（《联大八年》，新星出版社，2019年出版）

# 钱之俊《晚年钱锺书》序

前几年网上流传一篇文章，题目大概是《我为什么不能批评谢泳》。有朋友告我，遂寻来读了。当时感觉有些批评不无道理，比如我曾有一则短文说钱锺书再版《宋诗选注》序言中加引了毛泽东给陈毅信中的一段话，在时间上不合适，因此信刊出是后来的事。此文刚发表，即看到《宋诗选注》编辑早有一篇回忆文章谈及此事，我忘记读过这篇文章，这样原来的判断就不准确了，我以后编集子也放弃了此文。还有些话是针对当时我在厦门负责的纪念钱锺书逝世十周年学术会议的论文集的批评，大意是有些文章早已发表过，又重复收入等等，其他我一时想不起来了。

这篇文章的作者就是之俊。我当时并没有生气，虽然对作者的批评未必完全接受，但我能理解之俊的意气，毕竟他还是一个青年人，我在青年的时候也有过类似的经历。

我没有主动和之俊联系，也没有通过朋友解释，我感觉时间会让一些误会慢慢消除。此后我很留意之俊的文章和他已出版的书，我感觉在后起研究钱锺书的作者中，之俊是非常用力的一位，也很有成绩。因为留意之俊的文章，在时间的流逝中，我感觉之俊是一个很有反省能力的人，也是个胸怀宽阔的人。近年他文章中也偶引我的文章，我看到了，感觉之俊是用这样的方式表达一点歉意，其实我早就理解了之俊，也在不同场合对他的研究工作表示过赞许，近年《新华文摘》多次全文转载之俊的文章，也是学界对他研究工作的认同。之俊新书出版，能想到让我来写序，我感觉很温暖。

之俊的钱锺书研究，大体属于传记研究，他能及时整合最新史料并提出自己的判断，给人很多启发。我自己偶写关于钱锺书的短文，也非常清晰定位于传记史料一面。近年关于钱锺书的史料披露很多，特别是他的中西文读书笔记印出，大大提升了研究工作的广度和深度。钱锺书是具中西两面文化修养的学者，理想的钱锺书研究者应当在知识上具备同样的前提，因为有这个意识，所以我从不谈钱锺书传记史料外的问题。我没有和之俊交流过，但我感觉之俊对自己的研究工作也有清晰的自觉意识，把研究重点放在关于钱锺书生平传记史料这一边，努力做出自己独立的判断，这个学术方向，至少我是相当肯定的。

之俊正当年，我期待在今后的研究工作中，他能再用一些时间和精力，努力去发掘更多第一手史料，让第一手史料在自己的研究中比重更大些，随着研究条件的改善，我相信之俊的研究格局一定会更为阔大。

是为序。

（《晚年钱锺书》，北岳文艺出版社，2020年出版）

## 丁元元《不问西东：西南联大在沪校友访谈录》序

二十多年前，西南联大还只是专业研究领域里的名词，后来慢慢为大众所知，今天可以说它已完全进入公共话语，一般读书人鲜有不知西南联大的。

近年几乎所有研究西南联大的读物，无论是专业研究著作还是一般普及流行作品，对西南联大基本持肯定和欣赏态度，但事物发展总有些复杂性，当一段逝去的历史不断为人提起的时候，一定有当下的情怀，不然人们不会对一段已逝的历史发生兴趣。当西南联大不断为现代人肯定的时候，也有一些不同的声音出现，这很正常。有人以为现在对西南联大的关注有神话的倾向，以为把那一段历史说得太好了，可能离历史的真相较远。

我个人的看法是在研究西南联大的过程中，出于对当下现实的批判，在一定程度上对西南联大的某一面可能有过分突出的地方，比如学术独立和思想自由，但这基本还是历史的真相。强调学术独立和思想自由对一所大学的影响，不是说它已经做到了完美无缺，而是一种理想的期待。当人们在真实的历史中发现了自己所期待的理想曾经已是事实的时候，过多投入一点情感因素，在历史研究中是正常现象。就近年对西南联大的整体研究判断，我以为大体是真实的，可信的，经得起史料的检验。

元元本是学理工的学生，他能对这一段历史发生兴趣，可以想见这一段历史的魅力。元元不但对这一段历史有敬意，更有为保存这一段历史尽力的追求。他在已有大量关于西南联大的研究中，能寻找到口述历史这一视角，并坚持完成了很多个案采访，这相当不容易。

在已有的西南联大研究中，一开始大家把目光投向那些出了名的学生，这也是常见的习惯，但西南联大是一个整体，光有出名的学生可能还只是历史的一面，它的另一个面相也需要真实地呈现出来。元元选择了当时还健在的沪上无名的西南联大学生，寻找他们早年在西南联大的史迹，直接采访他们，听他们讲述那一段历史并记录了他们的真实感受。

我细读了这部访谈录，我认为大体是成功的。元元不仅用心做了很多关于西南联大事实的判断工作，更用自己独特的角度让这些当年西南联大的学生讲出自己真实的读书经历，这个工作丰富了目前已有的关于西南联大的史料，也构成这一研究领域里不可缺少的文献，所以我非常愿意为元元的书写几句话，不是客气，而是对一个青年无功利的学术理想表示敬意。

（《不问西东：西南联大在沪校友访谈录》，中国致公出版社，2019年出版）

# 何况《文园读书记》序

何况兄人在官场，身上却无官气。2007年夏天，我南来教书，在厦门最早认识的朋友即有何兄。他早年有行伍经历，在京师多年，见多识广。先以报告文学名世，后以掌故笔记为写作重心。本书有材料，有识见，有文笔。在当代掌故笔记写作中，何况兄算把好手。

我没有问过何况兄写作转向的具体原因，也许只是出于好读书的天性，才把自己读书的感想付诸笔墨。不过我私心以为，何况兄的掌故笔记，就传承久远而论，可能还要远胜于他早年的报告文学，这个判断，不是我轻易而言，是多年观察文坛的一点体会。

人在青年时代的写作，多发于爱好而没有明确目的，如果在写作路上遇不到高人指点，常常不知自己的写作最终会向何处发展。我曾在山西作家协会当编辑二十多年，所见文学青年可谓多矣。事后观察，凡在青年时代既能留意文史的，后来多有所成，而在青年时代执着于小说诗歌者，人过中年后创作衰歇，写作热情大减，一时多不知所措。我个人判断，小说诗歌极难有成，凡入门容易的事，最后结果都极难。山西作协当年享有"晋军崛起"的美誉，全部是小说家，有近二十余人，今天还能以小说受人关注者，不过一二人而已。倒是后来转身致力文史的几位，近年著作都非常热销。我的感受是传记可写，掌故笔记可作，地方文献当整理，其他小说诗歌的写作，则要非常谨慎，不然虚掷一世才华，殊为可惜。

我没有与何况兄交流这个看法，但我由此书看出他是自觉选择掌故笔记一路的，而且已达成熟地步，材料和趣味不局限于一时一地，眼光开阔，题材文雅，走的是传统掌故笔记的路子，如果坚持下去，将来必有大成。

曾和朋友闲谈，说在旧书店经常看见的是高头讲章，而掌故笔记一类书，极难见到。其实此类书印数并不在少数，只是因为文史的原因，人们舍不得随手丢弃，足见此类书有生命力。掌故笔记在写作上有天然的优点，因为真材实料，所以一般不受时间约束。著述流传过程中，掌故笔记的生命力，相对来说是比较长的。

中国现代文学研究中，近年"书话"写作颇盛，其实这也是掌故笔记的一种。何况兄此书部分属于这个类型，但更多的是一般意义上的掌故笔记,这使本书更具吸引力,拥有更广泛读者。

何况兄要我作序,我不敢推辞,所以有此感想。是为序。

(《文园读书记》,海风出版社,2013年出版)

## 商昌宝《茅盾先生晚年》序

给昌宝的新书写序，先从远处说起。

时间过得真快。现在想来，这是十多年前一件旧事了。2001年，我偶然得到一个去美国访学的机会，虽然久有离开祖国去外面看看的打算，但一直没有机会。当机会到了眼前，想不到护照却办不下来。我在困惑中，给当时的山西省委书记田成平写了一信，申说此事，因为我想到他是清华大学毕业的学生，而我前几年刚写了一本关于西南联大的小册子，随信快递出去，以为这点因缘或许多少可以打动他。我没有收到他的回信，但事情拖了一段时间，情况出现了转机，我的护照批下来了。是不是田成平书记看了信而有所助力，我不敢说，但我愿意相信是他帮助了我，就算是我的一个良好愿望吧！

我回来不久，当时还在华东师大的夏中义教授就约我参加《大学人文》的编辑工作，同来的还有丁东、李新宇、王彬彬及其他几位新老朋友。中义兄是一个极有才干的人，学识和组织力都有。他长期在大学工作，可要做一件自己认为有意义的事时，却及时想到了两位不在大学工作的陌生朋友丁东和我，这要有相当开阔的胸怀，要有充分的学术自信，今天很少有人再想到自己圈子外的朋友了。

差不多有三四年时间，我们在一起工作，非常愉快。工作快要结束时，有一次我在上海，饭后，一个朋友悄悄问我，听说中义兄有意让你来上海交大工作？我当时不知如何回答，因为中义兄确实没有和我说过。当时中义兄也是刚到上海交大，雄心勃勃，宏图待展。他办事极有章法，如无绝对把握，绝不轻易流露。此事从始到终，中义兄都没有和我正面说过，我后来得周宁兄关照到了厦门。再见中义兄时，我曾提及此事，他总是轻描淡写，但我内心对他的感激始终长存。

就是在这段时间里，我和新宇兄接触最多，也最为投契，当时他还在吉林大学。新宇兄是山东人，当年我在《批评家》当编辑时，他曾多次给杂志写稿，而且一发即为《新华文摘》转载，所以印象极深，但往来并不密切。1997年，我到济南参加《作家报》组织的一个活动，讨论孔范今先生一本新出的文学史著作。会后新宇兄约我到曲阜住了两天，还安排我给中文系的学生讲了一次课。当时在新宇身边的几个学生，多年来我始终没有忘记，一个李钧，一个张全之，还有一个赵歌东，均为有志青年，后来皆学有所成。当时我即有一个感觉，凡在新宇兄周围的青年，都生气勃勃，志向高远，新宇兄不尚空谈，他努力用自己的热情和光焰照亮青年，他是天生有魅力的教员。

现在说到昌宝。新宇兄是他的博士导师。在如今讲学历的时代，昌宝早期的出身也不能说好，但新宇选择了他，这个见识，我和新宇兄所见略同。学术这种事，兴趣最关键，无兴趣，则终无所成，有兴趣，即令才质平平，也能略有收获。昌宝从新宇兄读书几年，开笔即是一本《作家检讨与文学转型》，专门研究中国作家在特殊年代书写的一种特殊文体，这个视角，令人叫绝。以往没有学者完全由此入手，观察整个时代作家的精神状态和内心世界，昌宝做到了，而且完成得相当出色，显示了他观察中国当代文学史的独特眼光。

这本写茅盾晚年的书，同样显示了昌宝驾驭文学史题材和分析作家内心矛盾的能力，虽然见解并非完全个人独创，但在整合茅盾研究成果的基础上，时时有个人的观察和判断。我对茅盾及其作品只有一般了解，但读昌宝这本著作，还是感觉到了一定程度的冲击力，他把茅盾晚年的困境和复杂性展示给了读者，而且作出了自己的分析和判断，我们可不认同他的观点，但我们不能说他的观察是空言，他把相关史料整合得非常严密，应当说有相当程度的可信度和说服力。

昌宝正值盛年，学术热情恰在高涨期，此次由文学史研究转向作家传记研究，我以为也预示了一个较好的学术转型。

我1985年从事编辑工作，观察文坛学界近三十年，有一个不成熟的意见。人在青年时期，选择从事文字工作，有几个方向要清醒把握，不然会虚掷时间和才华。我以为传记当写（包括口述、年谱等同类工作），史料能搜集，掌故笔记能写，地方文献可整理，选择其他文字工作，须慎之又慎，不然一世努力，可能会了无痕迹。新宇兄去年完成《严复传》，我极表赞同，虽不是开创性的工作，但并非没有意义。昌宝以后应当朝这个方向努力，用己之长。

我与昌宝见面不过两次，感觉口才文笔都有，如果学术方向判断恰当，定能做出一流学术成绩。

（《茅盾先生晚年》，河北人民出版社，2014年出版）

# 刘超《学府与政府》序

时间过得很快。2007年底，我刚到厦门不久，恰好云南师范大学要开一个关于西南联大的学术研讨会，刘超当时还在北京读书，想参加这个会，却苦于没有路费。我到厦门时，山西有两个企业家朋友帮忙，给了我一点小钱，所以我答应刘超他的路费我来出，当时还在社会上漂泊的饶佳荣也是同样情况，想参加会议，但没有路费，我也按和刘超一样的情况处理了这件小事。佳荣后来译出了易社强的名著《战争和革命中的西南联合大学》，在大陆和台湾出了两版，极受读者欢迎。我稍长他们几岁，看到好读书的青年，有一种想帮助他们的冲动，可惜自己能力实在有限，至今帮助过的青年很少。

记得当时在昆明，本来会议结束后要和刘超聊聊天，但想不起什么原因错过了机会，此后天各一方，再也没有见面。我和刘超可以说只是匆匆忙忙见过一次，一晃八年过去了，我也马上要到退休的年龄，实在说，我内心也真是在盼望早一天退休，然后回到北方，回到我一向就喜欢的北京。倒不是我在厦门不愉快，而是我太喜欢北京了。北京的空气可能不好，但北京好玩的人和事多，人不是只为空气活的，所以北京人最多房最贵，北京还是中国最有吸引力的地方，无处可及。我家在太原，现在有了高铁，我可以当天来回，所以在我设想中还有几年北京时光，但这只是一种梦想，能不能成为现实，只有天知道了。

刘超非常能写，有极强的学术能力。他后来出过两本书，我印象中有一本是我写过序的。刘超出身非常好，本科在南京大学，后来在清华读博士，出第一本书，让我这个只有专科学历的人来写序，我不知道刘超是怎么想的，反正我从这件事中感觉到了刘超对我的信任。此类事也许在旁人看来是麻烦，但刘超敢和我开口，而且我也马上答应，是我们内心对彼此学术工作和人格有直觉的信任，我感到非常温暖。我相信人生的机遇，不相信个人的能力。再有本事的人，也有一个直接的推动，这个推动只有人能承担。做官做学问都一样，最后总有一个具体的人是真正的动力，个人在再好的制度中也需要人的帮助，所以我只相信人，不相信制度。个人有再大的本事，也要有机遇，而机遇只有人能提供。

这些年，我和刘超也有过一些学术交流，我对他的研究能力毫不怀疑,但我对他开创学术领域的追求有过提醒。我感觉他在目前已有的学术领域都有非常好的表现,但我期待他能有一个别开生面的研究天地,也就是说,我期待他能做一个别人从来没有碰过,而由刘超首先做了,而且在学术上可以进一步扩展和深入的领域。刘超有这么好的学术条件,用何炳棣当年经常说的话,不做第一流学问,太可惜了。

本书是刘超的博士论文,刘超又想到让我来写序,本来这次我不想写了,但刘超信任我,可能也感觉到我好说话,所以在最后关头,我没有推辞。刘超是史学出身,但研究兴趣在中国现代高等教育史方面,而中国高等院校中,我个人以为不是所有学校都有价值成为好的研究对象,现在有相当多的博士论文选择一所高校作研究对象,但很难出彩,因为那些学校历史中包含的丰富性和复杂性不足以引起人们的关注。清华是一个好的研究对象,可惜刘超不是第一个闯进来的,这就非常被动,因为不能成为破题的人,虽然做得相当出色,但在学术上的影响可能会受到限制。因为中国现代大学的研究很难切断与当下现实的关系,它不是一个死的学术对象,而是一个活的学术对象。刘超选择清华大学和国民政府的关系为研究对象,他是如何考虑的,我一时还想不清楚,但这个角度如果不能引起人们对今天政府和大学关系的思考,那么这个研究对象和现实间的微妙关系可能就是需要再思考的。没有完全脱离现实感受的历史研究，考证一个字的来历和读音都有现实感受，纯粹的考古学报告也有作者的感情在其中，更何况是中国现代高等教育研究呢？

记得刘超在信中还提醒过我，说他研究中可能有些观点和我不同，希望我能理解。我一时还没有想到我有什么学术观点。刘超的研究，无论史料和方法都远胜于我当年一点随感性质的研究，但我感觉青年一代学人的研究，在现实情感上可能和我不同。我是为了否定中国当下教育制度才从中国现代大学历史中寻找切入口的，我的追求不是研究历史而是批判现实，所以我从来不认为我做的是纯粹学术研究，我做的是思想启蒙。我选择储安平和《观察》研究的目的，也是否定当下的新闻制度，这些苦心当时不好明说，但读者都能感受到。我不知道这是研究者的优点还是缺陷，希望以后有机会和刘超一起深入交流。

是为序。

（《学府与政府——清华大学与国民政府的冲突及合作（1928—1935）》，天津人民出版社，2015年出版）

## 陈夏红《法意阑珊处：20世纪中国法律人自述》序

认识夏红快有十年时间了。记得最初见他，是在清华附近的万圣书园。他的健谈和识见，在我所接触到的青年中是非常难得的。一般来说，青年极容易"左"，因为青年在人生的某一时段，天然居于边缘，对主流容易产生反感，加上青年多数有流浪和漂泊的生活经历，居无定所，性格中难免有颓废的东西，所以反抗是青年性格中难以避免的性格特征，游行、示威、革命、造反一类的事，最容易吸引青年。我也是从这个年纪过来的人，对青年的处境还算是了解。青年而能有"右"的感觉，能对生活和历史有冷静判断，这很难得，我想夏红属于这样的青年。

夏红能写作，研究主题非常独特，他选择中国现代知识分子中以法学为基本教育背景的人来切入这一段历史，光这个选择就包含了夏红对中国现代知识分子的理解，这个见识不仅出于他自己是法学背景，更有他对时代和人生的深刻理解，也是夏红学术眼光的表现。

我一直以为，研究中国现代知识分子的人生和命运，判断他们在时代风云中的潮起潮落，选择有社会学和法学背景的知识分子是最好的角度。因为严格说，这两门学科都不是我们本土的学问，中国在二十世纪初最先为这些学问吸引的，一定是对国家命运有深刻思考和长远关怀的人，而事实上，我们观察中国早期从事社会学和法学研究的学者，因为专业的关系，他们对中国社会的认识和判断以及对中华民族未来前途，都有相当深入的思考和远见，社会学家如陈达、吴文藻、吴景超、费孝通等，法学家如王宠惠、王世杰、杨兆龙、钱端升等，他们的学术成就和对中国未来的判断，对今天依然有启发作用；关注他们的人生和学术，对理解当下中国非常有帮助。

在一般的社会科学中，社会学和法学是最贴近现实，最与当下真实生活相关的学问，它的解释和分析相对也最有说服力，最有启蒙作用，最能让人摆脱愚昧，所以法国社会学家布迪厄有一个观察，认为极权体制一般都不要社会学和法学，这个观察相当深刻。

在中国现代学术史上，二十世纪前半叶中国的社会学和法学本来是发展最好的两门学科，它能发展得最好有一个前提是早期从事中国社会学和法学的学者都是从西方直接学习的，多数学者就是西方主流学者的学生，他们学成归国后又都比较注意这些学科的"本土化"，所以中国早期社会学和法学的根基很正。1949年后，就学科完整消失的历史而言，社会学和法学是最彻底的。1952年院系调整后，除了少量以区域分布为格局的几所专门政法学院以外，中国几乎所有综合大学里已完全取消了社会学和法学，而1957年"反右"运动中，如果以学科为界，社会学和法学学者中成为"右派"的比例，无疑是最高的。

夏红现在为我们梳理了这一段历史并加入了他自己独特的思考，在当代中国的知识分子研究中，夏红的关注点和对这一段历史的分析，为今后的研究打下了非常扎实的基础，今后中国法学学术史研究中，夏红的这个研究方向能为研究者提供许多视角，也能为研究者提示许多史料方向，是应当鼓励的一个学术路径。

夏红现在有完整的法学教育背景，且在大学里工作，加之对现实变革有热情和关怀，将来他的学术格局一定会非常开阔。

祝贺夏红新书的出版！

（《法意阑珊处：20世纪中国法律人自述》，清华大学出版社，2010年出版）

# 高波《行走历史河山》序

2007年5月间，我离开山西到厦门大学教书，高波兄是我到厦门大学后最早接触的同事。他先任我们中文系的副主任，同时和我在一个教研室。现在大学里同事间的来往本已极少，大家各忙各的事，一般是上完课即回家，平时的学术交流也很少，但我和高波兄之间却时相过从，在两年的同事期间，应该说是接触最多的，他离开厦大后，我们依然保留了友谊，每个假期他回厦门，我们总要见面，我把他视为老朋友。

高波兄的主业是中国当代诗歌研究，他曾写过海子研究的专书，在这个研究领域，他是比较早系统研究海子的，后来海子成为中国当代诗歌研究的热点后，他的学术方向有所转移，但他对当代诗歌的关注始终如一。他的另一个学术兴奋点是"样板戏"研究，他的博士论文就是专门研究这个问题的，前两年在云南出版，我曾仔细读过，是一本非常用力的学术研究著作。

我和高波兄的学术兴趣完全不同，他对于我研究中国现代知识分子也很关注，但他对我的学术观点却不以为然。我刚到厦大时，曾在他的办公室和他争论过，他认为我对中国现代知识分子的评价过高，多有美化之处，我虽有所辩解，但恐怕也很难说服他，但我对他的坦诚和热情非常认同，虽然我们在具体的学术问题上有分歧，但在衡人判事方面却没有不同，他在中文系任内对许多事情的判断，特别是对教师处境的理解和处理，我都非常赞成，因为他能将心比心，换位思考，他懂得人情。

高波兄长我一岁，他的成长道路和我也大体相同，但我们对中国当代历史的判断却有很大差异，一般说来，我比较"右"，他则比较"左"，或者说，我持自由主义立场的时候多，他则对毛泽东时代的东西怀念得多。何以如此，我没有和高波兄讨论过，我对他的观点不认同，但我对他能保持自己真实的看法，尊重自己真实的内心感受，却总有敬意，我在学术上说服不了他，但我能理解他对一个时代留恋的那份感情。我们也曾试图就一些学术问题进行讨论，比如关于"文化大革命"文学作品何以没有爱情？典型如《红色娘子军》。高波兄的看法是，难道文学作品绝对必须写爱情吗？我想他给出的理由不一定能说服我，但却不无启发，可惜他后来离开了厦大，我们交流学术的机会就少了。

高波兄是一个具有浪漫气质的人，他离开厦大后，周宁兄有一次和我说，高兄离开真是可惜，不是少了一个教授，而是少了一个有趣的人，一个好玩的人，我也深有同感，因为虽然相处时间不算长，但有高波兄在的时候，无论什么活动，总有气氛，总有快乐的笑声。我至今还在想，高波兄主动选择离开厦门大学到新疆大学教书，真是天底下最浪漫的事了，我们不能用一般世俗的理由来判断他的选择，来观察他的得失，我还是愿意从一个人的浪漫情怀和理想主义的角度理解高波兄，人生有这样的勇气并将此勇气付诸真实的人生，高波兄的境界，真是我们所难以企及的。当我看了他这本《行走历史河山》，我对高波兄的追求才有了一点真正的理解。

这是一本游记，但又不是一般的游记，因为他所到之处，都有他自己真实的情感和人生体验，他对西藏、对新疆、对祖国西北的热爱和发自内心的情感，可能才是他后来选择离开东南而向西北前行的原始动力，他的梦想得以实现，他的情感也就有了真实的落点。这本以游记体裁出现的散文集，不是一般游客的走马观花，而是一个游子思乡的絮语，文章不但充满诗意，又有历史知识和人文观察，更为难得的是高波兄的文章中体现的真感情，正应了王国维《人间词话》中的说法，词以境界为最上，有境界自成高格，自有佳句。高波兄的这本散文集，确实是"写真景物、真感情"的,谓之有境界,当不是过誉之词,而是我的真实阅读感受。

(《行走历史河山》,暨南大学出版社,2011年出版)

## 张守涛《先生归来——南京民国老大学那些人和事》序

民国热大约持续有十多年了，现在还看不到退去的迹象，民国大学热似乎还更有高涨的趋势。这个判断是从出版界的动态中感觉出来的。这些年，凡涉民国历史的读物，多数受到读者欢迎，凡写民国大学的著作，总是热销。我十多年前写的两册相关小书《西南联大与中国现代知识分子》《大学旧踪》，至少有不下三家出版社表示过想重印，前一本，我答应了，后一册，我以为多是简单史料，在今天这样网络便捷的时代，意义似乎不大，一直没有答应。我的朋友智效民先生最早集中研究民国大学校长的历史，他的几本相关著述，也是一版再版。我一向认为自己不是会写文章的人，只是能找点材料和略抒感慨，读者愿意看的可能不是我的文章，而是我寻找到的历史和对历史人物表示出的感情。

对民国的热情，不能简单理解为是怀旧，当然有这方面的情绪，但现在有资格怀念民国的人越来越少，从史料中怀念民国的那些青年人，其实是对当下中国现实的一种批判，特别是中国当下大学的变化，让他们极端失望，他们要向别处去感受或者呼喊真正大学精神的归来。我个人感觉，这种热情将会持续很久，因为现状不会改变，青年由失望而绝望，只能把目光投向历史，在怀念从前的心绪中感觉一段美丽的时光……

守涛是我不曾谋面的青年朋友，身在南京，更易于感受当年民国大学的历史，他是有心人，以南京这个区域来展示民国大学的风采，这个角度再恰当不过了，南京就是民国，这不仅是意象，也是真实。守涛这本书非常用力，因为他有天时地利的优势，如果他不在南京，要搜罗到如此完备的史料一定很难，如果他不在南京，要真实感受到民国大学校长的气质也不容易。守涛用自己的感情把南京民国大学的历史呈现出来了，也把民国大学校长的精神传达出来了，我们可以通过这本书走近民国大学的历史，走近民国大学校长。守涛能简洁叙述历史，更能把握大学校长的精神，有历史感受，也有现实情怀，在近年许多写民国大学的书中，守涛这一本有新史料，也有新角度。

十多年前，我偶然涉足民国大学的历史，当时还没有网络，史料寻找相当不易，所以那时完成的著述多有不足，而今天网络时代，整合史料相对容易，但要在繁杂的史料中觅得独特视角，把这一段历史完整叙述出来，还是有相当难度，守涛这本书完成得很不错。如果说以往研究民国大学校长，多数偏向于北方大学，那么守涛本书一出，南方大学校长的风貌尽现眼前，他们更别有一番精彩。

（《先生归来——南京民国老大学那些人和事》，江苏文艺出版社，2015年出版）

# 刘晨《理想的下场》序

我和刘晨至今没有谋面，他是研究社会学的，我是研究现代知识分子和现代文学史的，他如何想到让我一个完全的外行来为他的新书写序，我一时还没有想明白，也没有问过刘晨。

刘晨在《长江日报》当编辑时，曾网络采访过我一次，主题是谈论中国现代知识分子。印象中，我回答了他所提出的问题，但这篇访谈后来可能没有刊出，我也没有再去过问，但我对刘晨提出的问题有相当的信任度，我以为他观察问题的方式和提问的角度，显示了他对学术的热情和扎实的学术基础。因为这点因缘，我决定答应为他的新书写一短序。

我读了他发过来的一部分文章，感觉刘晨是一个真正热爱学术关心社会的青年，在他这样的年纪，能保存对社会变革的热情和思考，相当难得。以我个人对他一些文章的阅读判断，刘晨有独立思考的能力，不流于对一般社会分析的简单接受，他能在随时变化的当代社会中发现问题并提出自己的见解，这是一个有志于学术事业的青年最可宝贵的素质。在刘晨这样的年龄，学术思想倾向本身似并不重要，无论左右，或者大量接受何种思潮的影响，我以为都是可以理解的，关键是一定要出于自己独立的观察和内心的真实感受，特别是对一个将来有可能从事关于当代社会变革研究的青年，在学术思想中树立不趋时、不媚俗的学术良知是最重要的。

胡适过去说过，中年人做学问是本分，而青年人做学问应当鼓励。胡适这个判断是建立在青年人在诸多诱惑中能选择学术相当不易基础上的，我认同胡适的判断，所以我也赞赏刘晨的选择。

人生相遇有很多偶然因素，我写这篇短序的时候，才知刘晨已到澳门大学社会学系读博士了，而他的导师郝志东先生恰好是我的同乡和老朋友，而此前志东兄还非常真诚地约我为他推荐真正热心学术的青年。志东兄选择了刘晨，我相信他的判断，我也相信刘晨能珍惜这个学术机会，不负重望，成为未来中国学界的后起之秀。

（《理想的下场》，上海三联书店，2015年出版）

# 朱郁文《鲁迅风——杂文作家的创作及命运》序

郁文想把自己的硕士论文出版，他要我写几句话。我说我不是最合适人选，应当找自己的导师嘛。郁文告我，自己导师最近身体欠佳，出版又有时间限制，他想来想去，还是想到了我。

我 2007 年夏天南来教书，郁文当时已是硕士二年级学生，恰好我开了一门关于中国现代文学史料的课，郁文经常来听。他毕业后考了本校的博士，又在学校三年。他那一级学生中，要说和我的关系，郁文不是最近的，但相处时间却可说最长。他博士毕业的时候，面临两个选择，郁文也来征求我的意见，我感觉他信任我。后来郁文到了佛山一家文化机关工作，仍没有忘记我这个当教员的。他负责本地图书馆一项文化讲座，首先也想到了我。我感觉郁文虽不善言谈，但内心有热情，也有义气，我喜欢与这样的学生往来。

郁文说，他硕士论文答辩时我当答辩主席，言外之意是我对他的论文应当很了解。说实话，现在的硕士论文也是今非昔比,不可以旧经验视之,像样的硕士论文在各个学科都极稀见了。

时代的变化真是难以令人想象,我二十世纪八十年代中期到山西作家协会工作,当时全省文化单位有硕士文凭的人,印象中不会超过五个。我以地方英文专科文凭到省作家协会工作,从来没人提过文凭一事,而今满大街都是博士了。

我有时候想,恢复学位制度前,中国的最高学历是大学本科,"文化大革命"前偶有研究生学历,仿当时苏联习惯,一般称为副博士,其实也就相当于今天的硕士。改革开放前,中国大学向例是本科毕业即留校教书。现在比较学位制度前后情况,似乎前者里面的人才还并不见得就少。以文科而论,似乎还是前者更有生气。群体稳定周期内,可能适合从事学术研究的人才比例大体是稳定的,就是那么些人,你用什么机制来选拔,差异并不会太大。早期选拔较为随意,只是教员观察学生有学术兴趣,也有学术才能就可以了。制度严格以后,一个群体某一时段中,其实还是那些人,不过多了一些头衔而已。

郁文毕业几年后敢把自己的硕士论文印出来,可以想见他当时是用了力的,他有这个自信,这很难得。我用了两天时间把这篇论文再细读一遍,我认为郁文的自信还真是建立在学术基础上的。论文研究主旨与鲁迅相关,但重点是受鲁迅影响作家的杂文创作。这个选题虽不能说有完全的创意，但把一个时期作家的创作倾向梳理得相当清晰，同时有自己的分析和判断，史料也相当丰富，应当说体现了郁文在学术上的努力和追求。

青年时期对学术的态度，很大程度上决定今后的学术方向。印象中郁文的博士论文也选择了研究鲁迅。郁文这一代青年中，受时代、思潮影响，热爱鲁迅的已不是很多，而郁文能有现在这样的坚守，说明对学术判断有很强的独立性，不是随波逐流。郁文只要坚持下去，我以为将来一定会做出更好的学术成绩。

（《鲁迅风——杂文作家的创作及命运》，广陵书社，2018年出版）

# 后记

大约十多年前，我从郑逸梅先生一篇文章中，知道二十世纪五十年代有些老辈文人油印过自己的诗文集。出于好奇，我开始搜集，那时孔夫子旧书网已诞生，我的好奇心多数得到了满足，除极少稀见本外，多数见到了。最初还有个想法，写一册"油印之美"，一是感慨时代变迁之后旧文人的风雅，再就是从字里行间看旧文人的心态，但写了一两篇后，没有坚持下去，后来兴趣有所转移，遂不再留意此事，本集略存一点痕迹。

旧体诗的衰落是没有办法的事，时代在变，个人在时代中极渺小，再努力，也极难挽回。中国文化的整体修养，须从小养成，教育方式与之完美配合，最后才有文人雅士的成长，制度发生变化后，旧体诗的衰落是一种宿命，我们只能为她唱挽歌了。

本集收了一些近年未入集的文字，约为三类：一是我平时的读书笔记；再是我参加厦门地方文献整理时，留意的当地诗文集；三是近年为朋友写的短序。

本集的编成，我要特别感谢周音莹女史，大约一年多前，她就邀我参加"蠹鱼丛书"，感谢她的信任。感谢科镂，石梅，他们帮我做了相当繁杂的编辑工作，他们的判断和许多意见，令我感动。如今做事，相当不易，遇到这样的编辑是我的幸运。

谢　泳

2020年6月15日于厦门

# "蠹鱼文丛"已出书目

《文苑拾遗》 徐重庆 著 刘荣华、龚景兴 编
《漫话丰子恺》 叶瑜荪 著
《浙江籍》 陈子善 著
《问道录》 扬之水 著

《潮起潮落：我笔下的浙江文人》 李辉 著
《苦路人影》 孙郁 著
《剪烛小集》 王稼句 著
《入浙随缘录》 子张 著
《越踪集》 徐雁 著
《立春随笔》 朱航满 著

《龙榆生师友书札》 张瑞田 编
《锺叔河书信初集》 夏春锦 等编
《容园竹刻存札》 叶瑜荪 编
《文学课》 戴建华 著
《木心考索》 夏春锦 著

《藕汀诗话》 吴藕汀 著 范笑我 编

《定庵随笔》 沈定庵 著

《次第春风到草庐》 韩石山 著

《学林掌录》 谢泳 著

《老派：闲话文人旧事》 周立民 著

《如看草花：读汪曾祺》 毕亮 著